中公新書 1905

飯尾 潤著

日本の統治構造

官僚内閣制から議院内閣制へ

中央公論新社刊

はじめに

政治や政府に対する批判はつきない。政治家は信用できない。見識のある政治家がいなくなった。官僚は嫌いだ。そうした批判を目にしない日はない。

日本では長らく、政治家が大胆な指導力を発揮することは難しいと考えられてきた。そのため、大がかりな政策転換を求める人々が、議院内閣制では、指導力のある政治家が出てこないから、大統領制にすべきだと主張することがあった。

しかし、アメリカやフランスを除けば、欧米先進国のほとんどが議院内閣制を採用している。それらの国の首相が、指導力を発揮した例も少なくない。また近年、小泉純一郎内閣を経験してからは、日本の首相も指導力を発揮できるという見方が広まってきた。

では、本来、議院内閣制とはどういった制度なのか——。

一言でいえば、行政権の成立根拠を、議会（国会）の信任に置く制度、具体的には、議会で多数派を形成した政党が行政権を握る制度である。

日本では一般に、大統領制では大胆な権力行使ができるが、議院内閣制では抑制的な権力行使しかできないと思われている。しかし欧米での認識は逆である。議会と大統領が別の選挙で選ばれ、権力が厳然と分立する大統領制における大統領より、議会と行政府の双方をコントロールできる内閣の長である首相のほうが、本来、大きな権力を持つのである。

東西冷戦終結後、日本では統治構造の変革が重ねられてきた。その一つの帰結として、小泉内閣の首相主導政治が現れたといってもよい。大胆な指導力を発揮できないとみられてきた日本政府のあり方は、戦後日本が育んだ独特なものであり、それは一般的な議院内閣制から逸脱したかたちであったともいえよう。

本書は、日本における議院内閣制の分析を通し、国会、内閣、首相、政治家、官僚制、政党、選挙制度、政策過程などについて、歴史という縦軸、国際比較という横軸から照射し、日本という国の統治構造の過去・現在を、構造的に解き明かす試みである。

その際、あるべき政策については、とりあえず脇に置く。そのうえで、望ましい政策を実現するためには、どのような政府構造を採るべきかを考える。いわば、政府の能力を問題にするのである。そして、現代日本政治の実態に即して、その統治構造を解説したうえで、政治の有効性を向上させる方策を提示する。

全体を見通すために、本書の流れを述べておく。

第1章は、戦後日本の議院内閣制の特徴を、内閣とは何かという問題から考える。まず、日本国憲法により民主化され、体制転換が図られたにもかかわらず、内閣制が戦前から連続して認識されていることに注目する。すると、政党政治家を内閣の主体と考えず、省庁の代表者が集まって内閣を構成するという認識が、戦後日本の独特な議院内閣制を生み出していることがわかってくる。これを官僚の代理人が集まる内閣という意味で「官僚内閣制」と呼ぶ。少し極端な言い方だが、いわば「理念型」としての表現である。

第2章では、各省庁が官僚によって運営される実態を検討する。その結果、社会の動向を反映する仕組みが、各省庁に内在していることを見出す。これを「省庁代表制」と名付け、各省庁の裾野《すその》が社会に広がり、縦割りの省庁が社会集団の利害をそれぞれ代表している側面を指摘する。

第3章では、長らく政権の座にあった自由民主党が、政策審議機関などを発達させ、内閣とは別に、「与党」として政策を動かしてきた経緯について述べる。その特徴を「政府・与党二元体制」と名付ける。この仕組みが高度に発達したため、一方で、日本の政策形成過程は複雑化し、権力と責任の所在が曖昧《あいまい》になったが、他方、この仕組みを緩衝材《かんしょうざい》として、日本政府が、時代の変化に対応してきたことも示す。

第4章「政権交代なき政党政治」は、政治的競争のあり方を、諸制度の運営の側面からみる。政権交代がなくても、政策転換が可能であり、そのことで、逆に政権交代を起こさない仕組みとなっていたことが明らかになる。そのうえで、政党政治最大のメカニズムである政権交代がないことによる問題点を指摘する。

第5章では、諸外国の政治制度を概観することで、日本政治の特徴を浮き彫りにする。表面上、制度が似ていても、実際の運用が大きく異なる例もあり、制度が違っていても、同じような効果がある場合もある。また、公式の政治制度のみならず、政治家と官僚との関係、社会構造との関係も比較の対象として、問題を掘り下げる。

第6章では、日本の政治制度の具体的な問題点、改革の方向性を検討する。そして、責任者への権力集中と、一般有権者による民主的統制の両立が、効率的で民主的な政府の条件であることを明らかにする。そして、日本独特の内閣制を、普遍的な議院内閣制に転換することで、これを実現すべきだと主張する。また、一九八〇年代末から、政治改革や行政改革というかたちで改革努力が重ねられ、成果が上がりつつあることも示す。しかし、まだ政党政治の改良などが残された課題となっていることも指摘される。

最後の第7章では、議院内閣制の強化や政党政治の発展という、近代政治原理の貫徹をめざす改革だけでは解決できない、現代的な課題を検討する。

説明のなかには、これまで聞いてきた話とは違う、目新しい言い回しが出てくるので、少しばかり難解な点があるかもしれない。だが、我慢強く議論につきあっていただければ、新しい切り口で日本の政治をみることができると考えている。

日本政治の何が問題か、どこをどうすれば、もっとよくなるのか――。この疑問に正面から答えるのが、本書の最大の目的である。

＊なお本書では democracy の訳語として、体制を示すときには「民主政」を用い、制度的側面を示すときには「民主制」を、思想運動的側面を示すときには「民主主義」を用いる。

日本の統治構造　目次

日本の統治構造

官僚内閣制から議院内閣制へ

第1章　官僚内閣制

議院内閣制への誤解

自民党内が割れて紛糾した郵政民営化問題で、小泉純一郎首相が突然の衆議院解散を行ったことに対して、日本ではしばしば「大統領制的手法」という言葉が使われる。大統領制には、一般に議会の解散権がないが、それを除けば、納得してしまう雰囲気がある。

日本政治では、つねづね迅速でダイナミックな意思決定や、社会の変化に合わせた大胆な改革が不足していることが問題にされてきた。そのとき決まったように、槍玉《やりだま》に挙がってきたのが「議院内閣制」である。議院内閣制だから思い切ったことができないというのは、日本政治の批判者から聞こえてくることもあれば、政府の内部から言い訳のように語られることもあった。小泉内閣の政治を経験すると、こうした考え方は、必ずしも正しくないことが理解されはじめたが、なぜそうなのかまで突き詰めた議論はない。しかし、それについてじっくり考えないで、あるべき政治の姿を描くことはできない。

そもそも、日本政治において本当に議院内閣制が機能しているのだろうか。たとえば、議院内閣制ゆえに、日本では権力が分散化してしまうという批判がなされる。そこで、権力強化のためには、大統領制の採用が必要だといわれることもある。だが、こうした理解は、世界では一般的でないどころか、奇妙な考え方ですらある。

たとえば「日本国憲法の原則は三権分立であり、議院内閣制を採用している」という発言に、多くの日本人は疑問を感じない。ところがアメリカ人やイギリス人を相手に、この話をすれば、怪訝《けげん》な顔をされるだろう。周知のように、イギリスは議院内閣制を採る国であり、アメリカは大統領制を採っている。その両国の政治体制は、およそ次のように考えられている。

イギリスは議会主権の国であり、権力が内閣あるいは首相に集中する議院内閣制を採っている。それゆえ権力分立は制限され、むしろ権力が集中している。それに対してアメリカでは権力分立が徹底され、政治権力は議会と大統領との間で分有されている。そこでアメリカの政治は権力抑制の側面が強い。

つまり、議院内閣制を権力の分散と結びつける日本の議院内閣制イメージは、どこにでも通用する見方だとはいえない。例に挙げたイギリスとアメリカが、それぞれ議院内閣制と大統領制を創始した国であることを考えれば、こうした国々での理解が正統的な見方だろう。それからはずれるイメージが広がっているのは、本当に制度が正しく理解されているのかどうかを疑わせる。

それを実感するのは、「議院内閣制」とはいうものの、日本では「議院」の意味がほとんど理解されていないと思われる言葉遣いに出会うときである。たとえばよくワープロの変換ミスで現れる「議員内閣制」という表現が違和感なしに通用してしまっている。極端な例だが、イギリス政治についての本に、この表現を見つけたこともある。元になった英語を著者が知らないはずがないことを考えると、かえって日本人のこの言葉に対する思いこみが表れている。それどころか、たとえば竹中平蔵氏が小泉内閣で大臣になったとき、政界内から「議院内閣制なのに、『民間人』(つまり議員でない人)が入閣するのはけしからん」という批判が出た。この場合は、「国会議員」が大臣になるからこそ議院内閣制なのだと考えられているのだろう。そうであれば、「議院内閣制」という表現よりも、むしろ「議員内閣制」のほうがぴったりとくるような感じさえする。

あらためていうが、この議院内閣制の「議院」とは、組織としての「議会」のことである。つまり議院内閣制は、議会による政府という意味での議会政府ということもできる言葉なのである。

1　内閣制度百年と日本国憲法の制定

議院内閣制と内閣制の相違

現代日本では、「議院内閣制」と「内閣制」の区別がなされていないのではないか。議院内閣制と呼び習わしていても、議院内閣制から「議院」の要素をはずして理解していないだろうか。

一九八五年には特に疑問もなく「内閣制度百年」の記念式典が行われた。その間に憲法が変わり、政治制度が根本的に変更されたという事実が忘れ去られている。たしかに明治時代から続く内閣制は、憲法の変更にもかかわらず生き続けている。現代にいたるまで内閣総理大臣は、一八八五年に就任した初代伊藤博文から数えている。これなどは戦前の内閣制と、現在の内閣制との強い連続性を感じさせる習慣である。しかし、憲法が改正、あるいは置き換えられたにもかかわらず、根幹となる政治制度はそのまま維持されたのであろうか。

日本国憲法制定の意義はいくつもある。そのなかで戦後改革の目玉として、日本国憲法による民主化を挙げることに異論をはさむ人は少ないだろう。

民主政の要件としては、選挙を挙げることが普通である。しかし日本国憲法によって、日本政治に選挙という要素が加わり、民主化されたわけではない。女性に参政権はなかったものの、戦前においても衆議院議員選挙に男子普通選挙権が確保されており、大日本帝国憲法（明治憲法）の条文上も衆議院議員の選挙は認められていたからである。

戦前の政治体制に関する民主政の観点からの問題は、選挙で選ばれた議員で構成される衆議院の権能が限定されていたことである。たとえば、貴族院や枢密院、軍部への統制は、民選議会である衆議院の権能外であった。なにより、内閣の存続自体が衆議院の支持によるとは限らず、衆議院の権力があまりにも限定されていた。

日本国憲法制定で民主化されたということは、議院内閣制の採用によって、民主的に選ばれた勢力に権力が集中したという点につきる。それゆえ日本国憲法によって日本の政治が民主化したというときに、議院内閣制が機能しているかをみることが決定的に重要なのである。

政治学の世界には、「戦前戦後連続論」と「戦前戦後断絶論」の対立がある。戦後改革にもかかわらず、たとえば、「逆コース」などによって、戦前政治の要素が色濃く残り、民主化あるいは自由主義改革が不徹底に終わったという「戦前戦後連続論」は、戦後における制度的変更の効果を低く評価する立場である（辻清明など）。これに対して、戦後改革によってもたらされた民主主義化の効果を強調し、かつ戦後を通じて民主政が発展してきたことをもって、戦前との違いを強調する「戦前戦後断絶論」が唱えられた（村松岐夫など）。ただ、両者の「対立」は、通説的立場にあった「戦前戦後連続論」を批判することによる問題提起が中心であり、どちらが正しいのかを問うよりも、両者の射程をはかり、多面的に政治システムの作動様式をみていくことが有益である。

戦後発展してきた日本政治が、民主政のある類型に属することには疑いがない。だが、それを構成する一つの柱である議院内閣制の運用を考えると、憲法上の原則から逸脱したり、民主政としては奇妙な側面が存在することもたしかである。本章では、あえて、戦前戦後連続論の側面に着目して、どのような点で、戦前の要素が戦後も残り、民主政の原則上、問題を生じているのかをみていく。

2　戦前日本の内閣制度

大宰相主義から「同輩中の首席」へ

戦前戦後を連続してみることに違和感がないのは、たとえば戦前にも立憲政友会を基盤とする原敬《たかし》内閣や、立憲民政党を基盤とする浜口雄幸《おさち》内閣といった「政党内閣」が存立し、現在の議院内閣制とさして変わらない政治の運用がなされたようにみえるからである。

ところが明治憲法には、意外なことに議院内閣制的な規定どころか、そもそも「内閣」という言葉もない。慣例として内閣が総理大臣の名前で呼ばれていたが、内閣総理大臣の地位も内閣総理大臣によって内閣が組織されるという原則も規定されていない。

戦前の政治体制は、法的には、議院内閣制に通じる民選議会である衆議院による統治への警戒心を強く持った体制であった。いいかえれば、明治憲法上は「超然内閣」こそが正統的な制度であったのである。そうした法的制度にもかかわらず、戦前のある時期に政党内閣が続くことで、議院内閣制的政治が実現していたに過ぎない。

明治憲法は伊藤博文によって起草されたが、このように内閣制や総理大臣の地位を明確に規定しないことについては、議論があった。イギリス流の議院内閣制あるいは政党内閣制を採らないことについては、いわゆる明治一四年の政変（一八八一年）で決着がついており、政府部内に推進勢力はなかったが、内閣制のあり方については、さまざまな意見があったのである。

当時、太政官《だじょうかん》制という古代以来の形式的制度によらず、近代的で実質的な制度をつくって、責任政治体制を構築する目的は共有されていた。しかし実際の政治体制を考えたとき、未知の西洋的制度に対する理解はさまざまであり、政治的な有利不利による意見の違いがあった。何よりも西洋諸国においても、議院内閣制をはじめとする政治制度は成長期であり、制度の性格や特質については、まだ十分な共通理解がない時代であった。

一八八五年に内閣制度は、太政官達《たつし》によって発足したが、その内容を定めた「内閣職権」では、天皇親政ではなく、宮内大臣を除く各省大臣と内閣総理大臣からなる内閣が施政に当たる原則や、国務大臣が行政長官を兼務する体制が規定された。

とりわけ注目されるのは、いわゆる大宰相主義と呼ばれる原則で、首班である内閣総理大臣には、首班として行政各部を「統督」し、逆に各省大臣は、内閣総理大臣への報告義務があるなど、内閣総理大臣に強い権限が与えられていた。その意味では、内閣職権のもとでの内閣制度は、内閣総理大臣を中心に行政機構全体の統一的運営が強調されていたのである。

ところが、こうした大宰相主義には、強い反対意見があった。たとえば岩倉具視《ともみ》は、強大な宰相を置くことは、「幕府的存在」をつくることになり、明治維新の精神をないがしろにするものだと考えていた。つまり天皇親政は現実には難しいとしても、実質的な政治の中心が明確になることは、建前としての天皇を中心とする政治体制を空洞化させるという意見が根強かったのである。

こうした反対もあって、一八八九年に制定された明治憲法においては、すでに機能している内閣制を法制度化するどころか、内閣という言葉さえ使わなかったのである。そして大臣単独輔弼《ほひつ》制という権力分散的性格の強い制度が規定されたのである。

内閣制度は、明治憲法制定に合わせ、一八八九年に内閣職権に代わって制定された勅令「内閣官制」によって規定されたが、そこでは内閣総理大臣の各省大臣に対する権限は弱められていた。行政各部を「統督」する権限がなくなったほか、内閣の権限が明確化され、各大臣の役割が強調された割には、内閣総理大臣の権限が、不明確になったからである。もっとも、内閣総理大臣が、各大臣の選任に関して、実質的な決定権を持つことなどは了解されていた。しかし、内閣職権よりも権能が弱められたことは、内閣官制が、内閣総理大臣を

「同輩中の首席」とすることを意味した。

元勲内閣から政党内閣へ

首相の権限を明確に規定しない内閣制度のもとでも、はじめのうち内閣総理大臣の指導性は、ある程度確保されていた。それは、首相の地位にあることが、政権を握ることであるという共通理解が広まり、また各省庁の自立性が確立していない状況では、閣僚間の意思の疎通さえうまくいけば、実質的な連帯責任制は確保されたからである。また政権担当者間の同質性が確保されていたという事情もある。

よく知られるように、明治維新を成し遂げた元勲による内閣が続くときには、権力が移動したり、対立が起こっても、お互いに気心の知れた者同士の関係であり、また元勲としての威信によって求心力が保たれていた。元勲間の共通理解さえあれば、憲法にしっかりとした規定がなくても国政運営に支障がなかったのである。

しかし元勲が退場しはじめると、そうもいかなくなる。しかも議会とりわけ公選の衆議院が発展してくると、議会の権力を無視して政治を進めることは難しくなってくる。超然主義的な憲法を起草した伊藤博文自身が、一九〇〇年に政友会の総裁となって政党の力を借りようとするのは、政党の力が伸びつつあるのをみて、憲法が欠いていた政治的統合力を政党に求めようとしたともいえよう。もちろん元勲のなかには、山県有朋《やまがたありとも》のように政党を嫌い、軍部や官僚制のなかに勢力を蓄えて、そうした勢力を基盤に政治を統合しようとする者もいた。

　最初の本格的な政党内閣とされる一九一八年の原敬内閣成立に当たっても、分立する諸勢力のうち、何を基盤に政権が運営されるべきかという問題での意見対立は続いており、原首相自身も、さまざまな妥協のうえに自己の政権を構成した。たとえば原内閣は衆議院の政党（政友会）を基盤としながらも、「研究会」など貴族院議員グループの支持を確保することに努めた。さらに原首相は山県の影響下にある官僚勢力との連携を重視するとともに、陸海軍の動向に気を遣い、また、また宮中勢力と良好な関係を持つことに腐心した。そうすることで、政党にも複雑な政治勢力を統合し、政権を円滑に運営する能力があることを示そうとしたのである。

　その結果、次第に政党の基盤は強化され、暗殺によって倒れた原内閣を引き継いだ政友会の高橋是清《これきよ》内閣の後に、非政党内閣が続いたときには、政党に基盤を持たないことを理由に世論の批判が強まった。そして一九二四年五月の衆議院総選挙を経て成立した加藤高明《たかあき》内閣から一九三二年五月に総辞職した犬養毅《いぬかいつよし》内閣まで、八年間にわたって政党内閣が続くことになった。いわゆる「大正デモクラシー」にはじまる昭和初期の政党内閣期である。

　この政党内閣は、必ずしも議会の多数を確保することを前提とせず、衆議院総選挙の結果によって内閣が成立するわけではない点と、内閣の権能が限定的である点などで、議院内閣制というわけではない。だが同時代のイギリスなどと比べても、議院内閣制的な方向を指向する政権構造を持っていたと評価できる。

しかし昭和初期の政党内閣の崩壊状況を考えると、政党内閣が法的な正統性を持っていないことは大きな弱点であったと考えられる。たしかに事実として政党内閣が続き、政党が政権を担うことに一定の期待が生じた点で、「政党内閣制」が成立したといえよう。だが体制が安定するためには、政党内閣制あるいは議院内閣制が正しい政権構成のあり方であるという共通理解が必要なのである。

二つの理論と権力分立問題

政党内閣制を支えた理論家の一人に、憲法学者の美濃部《みのべ》達吉《たつきち》がいる。その主張は憲法の条文に内閣に関する規定がなくても、内閣官制の規定に基づき、それを拡大解釈して事実上、議院内閣制的運用を正当化するものであった。それは憲法典（条文上の憲法）がなくても、成立した政治慣行は規範としての意味を持つという、「不文憲法」の考え方による。つまり議院内閣制の本家のイギリス（憲法典はない）でも、議院内閣制は憲法的慣習に基づくのであって、憲法の条文があるわけではない。そこで日本の憲法に議院内閣制に関する条文がなくとも、議院内閣制は可能であるという理屈である。たしかに政治運用でもっとも重要なことは、法律の文章になじまないこともあり、肝心なことが明文化されないことも多く、この主張は詭弁《きべん》ではない。

問題は、政党内閣制が既成事実を洗練させ、次第に憲法慣習として確立するという道をたどらなかったことである。政党内閣が続いても、政党に対する敵意は強く残り、政党が勢力拡大のために相互に攻撃しあって人気を落とすと、政党内閣制への批判が強まった。このとき憲法で政党内閣制あるいは議院内閣制が明文化されていないことは致命的であった。

ここで注目したいのは、明治憲法の解釈として権力分立を強調する意味である。東京帝国大学には美濃部学説に対抗し、並行して憲法学講座を開いていた上杉慎吉《しんきち》がいた。彼は、師の穂積八束《ほづみやつか》をついで、天皇主権絶対主義を唱えたが、意外なことにアメリカ合衆国憲法を研究し、権力分立の観点を強調する面があった。これは、イギリス風の権力集中的な議院内閣制を唱える美濃部に対抗する意味を持っていた。

一般に権力分立を強調することは自由主義につながると考えるのが普通だが、現実に強力な行政府が存在し、行政府に対する議会の監督が行き届かない状況では意味が違ってくる。民主政の定着以前の段階では、権力分立論は天皇大権としての行政権が何者にも制約されないことを保障し、民主化を押しとどめる手段になり得るのである。

明治憲法解釈で、現在は好意的にみられている美濃部学説が、実際の憲政運用に際してエリートの間でのみ影響力があったのに対して、いまでは批判的にみられている上杉学説のほうが、明治憲法の条文に素直に従うために、一般には受け容れられやすいという面があった。憲法解釈によって、政党内閣制に正統性を与えようとする試みは、幅広い基盤を持ちにくい弱点があったのである。そしてこの点は「国体明徴」の名のもと、美濃部の「天皇機関説」(天皇も法律的には国家の一機関であるとする)という憲法学としてはごく当たり前の考え方が攻撃されたとき、有効な反論が難しかったことに現れた。

戦前の政党内閣制は、突き詰めれば、一九二四年以来、最後の元老である西園寺《さいおんじ》公望《きんもち》の内閣首班指名に関する天皇への助言に、現実的な根拠を持っていた。このように、西園寺の「演出」によって成立していた政党内閣は、一九三二年の五・一五事件という軍人のテロを契機に崩壊し、元に戻ることがなかった。西園寺といえども、政党内閣を守るという権威は持っておらず、いままで触れてきたように、憲法典も憲法的慣習も政党内閣を保障していなかったからである。

政党内閣の崩壊以降、軍部が台頭し、その影響が強い内閣が組織されるが、これらの内閣もまた、決して権力集中的ではなかった。政党という「連結器」を除外して、統一的な政権運営は容易ではない。閣内不一致によって内閣が崩壊することは以降も続くし、独裁的なイメージのある東条英機内閣であっても、たとえば日米開戦の決定にいたる過程でも、権力分散の問題を露呈していた。各大臣がお互いに自分の立場を守ろうとしているうちに、勝算のないまま開戦やむなしという雰囲気が醸成され、責任の所在が曖昧な状況で、日米開戦の決定がなされたのである。

明治憲法体制は、権力集中による独裁者を生み出したことによって崩壊したのではなく、意思決定中枢を欠くために、指導者がお互いに手詰まり状況に陥り、事態打開のための決断が遅れ、積み重なった既成事実が選択肢を狭めるなかで、対米開戦といった破滅的決定を下し、崩壊へ突き進んだのである。

3　議院内閣制とは何か

権力集中的な制度

ここまでは、議院内閣制と内閣制の違いを明確にするために、戦前の内閣制について少し詳しくみてきた。では議院内閣制とは何か。これに答えるのは意外と難しい。なぜなら議院内閣制を支える要素がいくつもあり、それらがそろって、はじめて議院内閣制が機能するからである。そのうえ、議院内閣制にはさまざまな類型が存在し、ある国にとって不可欠の要素が、他の国ではそうでもないということもあり得る。そこで、逆に何が議院内閣制ではないのかを問うことに意味が出てくる。

先進民主政に限れば、政治体制は大統領制と議院内閣制に大きく分けられる。その際に両者を分けるもっとも重要な点は、二元代表制か一元代表制かである。つまり、民主政のもとでの大統領制は、大統領と議会とが別々に選出され、それぞれが正統性を有しているため、民意は二元的に代表される。それに対して議院内閣制は、議会のみが民主的に選出され、その議会の正統性を基盤として内閣が成立するために、民意は一元的に代表される。ここに着目すれば、議院内閣制のほうが大統領制よりも権力集中的な制度なのである。

ただ、大統領という名の役職があるからといって大統領制であるとは限らない。たとえばドイツやイタリアには大統領職があるが、政治の実権は首相が握っている。大統領はあくまで儀礼的、象徴的な存在である。こうした国は議院内閣制を採っているといえる。また、大統領制の国でも、内閣という言葉が使われることがある。たとえばアメリカでは、大統領を中心とする主要な行政長官の会議を指すことがある。だがこれは議院内閣制の内閣とは別のものである。

では、議院内閣制のもっとも重要な特質は何か。それは行政権を担っている内閣が、議会の信任によって成立していることである。これはウォルター・バジョットが『イギリス憲政論』（*The English Constitution*）で、はじめて論理的な説明を与えたものである。つまりバジョットは、イギリスの政治が、議会に基礎を置く内閣を中心としており、さらにはそれが行政権を担っていることを解説したのである。この本の刊行が一八六七年なので、すでに議院内閣制的慣行が長い伝統を持ち、確固たる憲法慣習となっていたことを、あとから「発見」したものといえよう。議院内閣制とは意図的につくり上げられたのではなく、長い政治活動を通しておのずと形成された制度なのである。

不可欠な政党政治

議会に信任を置くといっても抽象論ではすまない。議院内閣制は政党政治の存在を不可欠の要素とする。議院内閣制では、内閣が議会の信任を得ているということは、内閣を支える政党あるいは政党連合が議会の多数派を安定的に維持していることを意味する。たとえ成立時に、多数決によって内閣が信任されていても、政党など多数派を安定的に維持する仕組みがなければ、内閣の基盤は不安定であり、政権運営に困難をきたすからである。

また、政党政治を前提とすることによって、議会で多数を占める政党あるいは政党連合に支えられる内閣は、政党が選挙によってその議席を得ていることを通して、民衆に対しても正統性を主張できる。この論理は、民主政が未発達であった近世イギリスで成長した議院内閣制が、一九世紀における民主政の発達とともに完成されてきたことと密接に関係している。一九世紀以降ヨーロッパの多くの国では、こうしたイギリスをモデルとしながら、各国の事情に応じて、議院内閣制という政治体制を採用したのである。

「議院内閣制」が、もともと「議会による政府」を意味するように、議会の持つ意味はきわめて大きい。議会がいかなる構成になるのかによって、議院内閣制の姿も大きく変わる。たとえば議会がおおむね二大政党によって構成されるイギリスの議院内閣制と、多数の政党によって構成される中・北欧の議院内閣制とでは、具体的な運用が大きく違う。ただし、そうした違いにもかかわらず、内閣あるいは首相という行政権の主体が、議会の信任に存在根拠を持つ点では、さまざまな議院内閣制は共通の構造を持っているのである。

議院内閣制では、民主政における代表あるいは代理関係が一貫しており、一つの連鎖を持っていることが、決定的に重要なのである。つまり有権者が国会議員（衆議院議員）を選挙して選任することにより、国会議員は有権者の代表として、その権限を得る。次に国会議員（衆議院議員）が内閣の組織者としての首相（内閣総理大臣）を選任することで、首相は内閣を組織し、それを運営する責任者としての権限を得る。さらに、首相が、行政権を行使するために、複数の大臣（国務大臣）を選任し、内閣の構成員とする。そこではじめて各大臣は、内閣の一員として活動する権限を得るが、その権限は首相に由来するものである。各大臣は、分担して行政事務を行うが、その際に各省庁の官僚による補佐を受ける。形式的には各大臣が任命権者として官僚を任命するが、資格任用制度の導入などで、大臣が自由に官僚を選ぶことができない場合も、官僚の行動はあくまで大臣の補助者としての権限に由来する。

このように考えると、有権者から国会議員・首相・大臣・官僚と権限委任の連鎖が生じるところに、議院内閣制が一元代表制となり、また民主制の一形態であることが理解できる。この連鎖によって、たとえば官僚の行動を有権者が最終的にコントロールできる可能性が生まれるのである。

4　逸脱した日本政治

自民党長期政権による誤解

ところが日本の政治運営をよくみると、議院内閣制の基本原理からはずれた現象が目につく。

たとえば、議院内閣制での国会議員とりわけ衆議院議員の仕事は立法だけではない。首相を選び、内閣を支える役割を担う議員と、次の政権をねらってそれを監視しながら批判する議員に分かれ、全体としてみれば行政権をつくり出し、それを適切に維持することも議会の重要な機能である。それゆえ衆議院議員選挙は、立法活動を担う適任者を選ぶ機能もさることながら、政権をめぐる争いという意味を持つ。選挙報道が政権をめぐる争いとして衆議院総選挙を取り上げることもあって、一般の有権者にとっても総選挙を通じて政権を選んでいるという意識は、強弱はあっても認識されているだろう。

ただ現実には、五五年体制が成立してから長らく自由民主党による政権が続き、それが崩れても、選挙によって政権政党が代わるという意味での政権交代がほとんど起こっていない。そのため、衆議院総選挙の機能は十分には発揮されない。つまり総選挙において政権政党を決めることは認識されていても、それが首相を選ぶことに直接つながるという意識は薄い。政権政党が自民党であることが自明である場合、首相選びは自民党内の総裁選によるところが大きく、総選挙における与野党の逆転による首相選択に比べれば、有権者から衆議院議員、衆議院議員から内閣総理大臣という権限委任の連鎖は稀薄《きはく》になる。

実際、長らく政権政党が自民党であることを前提として、衆議院総選挙とは関係なく自民党総裁選挙で首相が交代することが普通であり、それが常態化したために、「議院内閣制では、首相選任に有権者が関与できない」といった誤解が一般化した。「派閥の力学」による首相選任を床屋政談の対象として楽しむことはあっても、民主政における首相選任の意味は忘れられ、議院内閣制の原理への間違った解釈が広がるのである。

ただ、首相に選ばれた者は、最高権力者の責任感から、それまでの自己利益や派閥利益よりも国益の実現へと関心を移すことが多かった。議院内閣制についての誤解が広がっているにもかかわらず、「国民に向かって仕事をする」首相が意外に多いのは事実である。だが、問題はそれで終わらない。各省の大臣と首相との関係に問題があるからである。

先に述べたように各大臣の権限の源泉は、首相による任命にある。それゆえ一体として行動する連帯責任の原理が作動する仕組みとなっている。ところが長期の自民党政権下では、首相による大臣の選任という原理が曖昧になっていた。当選回数を基本として、各派閥から首相あるいは首相予定者に入閣リストが提示され、首相は原則的にそのリストから大臣を選ぶ慣行があったからである。もちろん誰を入閣させるかは首相の決断による。だが、当選回数が相場通りであり、派閥の推薦も得られるとなれば、入閣が「権利」化してしまう。それに派閥推薦という条件が加わることで、先の議院内閣制における権限委任の連鎖に夾雑物《きようざつぶつ》が入り込むことになる。つまり、各大臣は首相のために働くというだけではなく、派閥のために働くという動機が生まれるのである。

それゆえ、首相の意思とは別に各大臣が勝手に行動したり、派閥の力関係によって、必ずしも適任でない人物が大臣になるという問題も出てくる。さらに、誰もがなりたがる大臣ポストを同僚議員に分配するために、頻繁な内閣改造を行って、大臣は原則的に一年交代とする慣行も生まれた。それでは、大臣として仕事を完成させる時間が大幅に制約され、経験を積むことで大臣としての適性を伸ばす機会も失われる。つまり「素人の政治家が代わる代わる大臣になる」事態となって、大臣が主体的に行動することが妨げられるのである。

こうした状況のもと、政権の主体として補助者たる官僚を使いこなす大臣ではなく、官僚のお膳立てに乗って、いわれるままに行動する大臣が出現するのも不思議ではない。そうでなくても多くの大臣は、議院内閣制における権限委任関係を忘れ、任命されたとたんに、所轄省庁の代表者として振る舞うことが多くなる。

「国務大臣」への誤解

別の面からそれを示すのが「国務大臣」という呼び方である。実のところ日本国憲法の法文のうえで規定されているのは国務大臣だけである。それゆえそれぞれの大臣はまず内閣の一員としての国務大臣であるはずだが、名称としての「国務大臣」は滅多に使われない。それどころかある大臣が「自分は何々大臣であって、国務大臣ではない」と主張したという話を聞いたこともある。組閣時の報道で、国務大臣は各省の大臣ではなく、内閣府の大臣など特定の担当を持つだけの大臣などを指すのに使われ、省を所轄する大臣よりも一段低い大臣だという印象を与えているからかもしれない。いずれにせよ、大臣といえば「分担した役所の長である」という意識が深く浸透していることを示している。

もちろん、大臣も分担して仕事をしなければ効率的ではない。分担自体に問題はないのだが、組織の長としての意識ばかりが肥大化すると、議院内閣制の原則が逆転し、省庁官僚制の代理人となってしまう。それでは、内閣は、首相を中心として団結した合議体から、それぞれ拒否権を持つ大臣からなる合議体へと変質し、議院内閣制は機能不全に陥ってしまう。

この現象に着目すれば、松下圭一にならって、議会を背景とする議院内閣制に対して、官僚からなる省庁の代理人が集まる「官僚内閣制」と呼ぶことができよう。

こうした議院内閣制の変質は、時として大きな問題点を露呈する。それは、政府における最終的意思決定の主体が不明確化し、必要な決定ができなくなり、政権が浮遊してしまうことである。実のところ、日本において議院内閣制の問題点として指摘されることの多くは、官僚内閣制の問題点なのである。

5　内閣総理大臣と分担管理

憲法が示す総理の権限

議院内閣制の原理を確認すれば、議会における首相の選出という一点で、正統性の連鎖は絞り込まれ、最高意思決定権者は首相であることが明確である。それゆえ議院内閣制は、一九世紀から二〇世紀半ばにかけて、次第に首相中心の内閣というかたちに発展した。一九四七年に施行された日本国憲法の規定も、このように「強い首相」を中心とする議院内閣制として構想されている。

日本国憲法の条文をみる限り、内閣総理大臣は強大な権力を持っている。第六五条で「行政権は、内閣に属する」とされているものの、その内閣は第六六条で「首長たる内閣総理大臣及びその他の国務大臣でこれを組織する」とされ、内閣総理大臣の地位は明確である。そして内閣総理大臣は国務大臣を任命するほか、「任意に罷免することができる」（第六八条二項）とされる。これは国務大臣が内閣総理大臣の代理人であることを明確にした条文である。つまり日本国憲法上の内閣総理大臣は戦前の「同輩中の首席」にとどまる存在ではない。

しかも注目したいのは、国務大臣の職能は、第七四条で「主任の国務大臣」として法律や政令に署名すると記されるだけだが、内閣総理大臣の職能は第七二条で明確に規定されている点である。つまり「内閣を代表して議案を国会に提出し、一般国務及び外交関係について国会に報告し、並びに行政各部を指揮監督する」とある。とりわけ行政各部の指揮監督に関する規定はもっと注目されてもよい。この条文を強く解釈すれば、一般の行政事務や国務を総理すると抽象的に定められている内閣の権能に対して、内閣総理大臣には各省庁官僚を使って、行政事務を実施する権能が与えられていると読むことも可能だからである。実際には、当たり前のように各国務大臣が、各省庁を指揮監督しているが、憲法の条文上は、どこにもそうした大臣の権能は出てこない。

これについて、日本国憲法が制定された当時、日本を占領していた連合国総司令部では、こうした解釈をもとに、内閣を構成する国務大臣とは別に、内閣総理大臣の下に行政長官（各省大臣）を置こうという動きがあった。内閣総理大臣の下で集中的に行政執行を担うような体制が想定されたのである。これは戦前日本の分散的な内閣構造を改める意味もあったが、世界に類のない仕組みであり、日本側の強い反対もあって実現しなかった。いずれにせよ、日本国憲法制定時に内閣総理大臣の地位がきわめて強いと考えられていたことを例証するものである。

内閣法という制限

ところが、現実の内閣の運用では、戦前体制の「同輩中の首席」のような内閣総理大臣像が復活してくる。たとえば、憲法を受けて制定されているはずの内閣法では、戦前の内閣官制を思わせる分散的な権限規定がなされている。つまり内閣法第三条に「各大臣は、別に法律の定めるところにより、主任の大臣として、行政事務を分担管理する」と、いきなり内閣総理大臣と国務大臣を区別せずに、「各大臣」による「分担管理原則」が規定される。

この原則を強く解釈すると、憲法上の内閣総理大臣の権能は大きく制約される。たとえば内閣総理大臣も分担管理大臣としては、かつては総理府の長として、現在は内閣府の長としての権能しか持たず、例外を除けば、その他の各省庁への指揮監督権を行使できなくなる。つまり各大臣に各行政責任が生じて、内閣の職務が分担された結果として、内閣総理大臣にはほとんど権限が残っていないという奇妙なことになるのである。

少し前までこうした解釈をもとに内閣総理大臣が閣議に議案を提出することは稀《まれ》であった。その慣例を変えるために、橋本行革に際して「内閣総理大臣は、内閣の重要政策に関する基本的な方針その他の案件を発議することができる」とわざわざ書き込んだほどである（第四条二項）。内閣の首長であり、閣議の主宰者である内閣総理大臣が、案件の発議もできないのは、まったく憲法の予想していない事態であったろう。

また、各省設置法にも戦前の体制が色濃く残っている。日本国憲法が制定され、新しい行政体制をつくる際に、内閣法に続いて、国家行政組織法が整備されることになった。しかし国家行政組織法に基づいて各省設置法が制定されるという順序を嫌い、各省設置法のほうが先に制定されたのである。そのため各省の組織は、二〇〇一年の改革まで不統一な部分が多かった。

このような「強い分担管理原則」のもとでは、内閣は各省大臣が、それぞれ独立した基盤を持って集まる場所だと考えられる。これでは、背景に有権者の負託を背負っているという議院内閣制の原則は薄らいでしまう。官僚からなる省庁の代理人としての各省大臣が集合する内閣である「官僚内閣制」は、分担管理原則に負うところが大きいのである。

6　空洞化する閣議

根回しと全会一致

最近広く知られるようになったが、閣議は「お習字教室」に似ているという。つまり閣議では、省庁の官僚によって根回しが終わった案件を追認するしか仕事がなく、主たる仕事は法案や政令に花押《かおう》という日本古来の特殊な署名をするだけになる。そこで硯《すずり》を横に筆を持ち、黙々と署名にいそしむのが閣議のあり方だというのである。

もちろん、事前の根回しに各大臣が含まれている以上、こうした決定自体がおかしいわけではない。しかし行政府全体の調整や方針決定の場として、会議としての閣議が機能しないのは、大きな問題点をはらんでいる。大臣同士が話しあって、上層部で解決を図れば、政治的な決断を含んだ決定ができるが、官僚に根回しを任せてしまえば、どうしても微調整にとどまらざるを得ないからである。

閣議が、このような状況になった背景には、それなりの理由があった。内閣が連帯責任を負っている以上、その決定は全会一致が自然である。日本国憲法のもとでは、内閣総理大臣が基本的な考え方をともにする国務大臣を選び、内閣を構成している。内閣総理大臣を中心にして意思の統一を図るのなら、全会一致でも特に不都合はない。極端な場合には、閣内の意思統一のために、内閣総理大臣は国務大臣を「任意に罷免する」ことができる。それを前提に考えれば、各国務大臣は、当初意見が違っていても、討論の結果として、意見を統一して全会一致で方針を決めるのがあるべき姿となる。

全会一致が問題になるのは、構成員それぞれが独自の意思を持っており、しかもそれを変更させる上位の権威がない場合である。先に述べたように、戦後日本の内閣制の運用は、まさにそうした各省庁の代表者たる大臣が集まる場所として内閣を想定している。そこで、そのまま議論しても、容易にまとまるはずがない。全会一致が要請されており、それぞれ自由に意見が述べられるのなら、ゴネればいくらでも譲歩を引き出せるからである。そうなると、事前に根回しをして妥協案を練り、それに沿ってすべての大臣あるいは省庁の合意を取り付けたうえで、閣議に案件を提出するのが、閣議決定に持ち込むための条件になる。

閣議までに合意を調達する手続きの一環となっているのが、閣議の前日に開かれる事務次官会議であり、そこで反対がなかった案件だけが、閣議の議題とされる慣行である。それゆえしばしば事務次官会議の存在が、官僚支配の象徴として攻撃される。しかし事務次官会議自体に問題があるのではなく、内閣あるいは閣議というものの性質が誤解されているところに問題があると考えるべきである。物事の根本を変えずに、事務次官会議を廃止しても実態が変わるとは思えない。

また妥協策として、閣議を多数決制にしようという意見もある。だが、そもそも議院内閣制と反する官僚内閣制的な原則を承認したうえで、少しでも迅速な決定を行おうとする折衷《せっちゅう》的な改革策では、根本的な問題の解決にはならないだろう。こうした官僚内閣制的な原則をいったん認めてしまえば、各省庁は大臣を代理人とする、拒否権集団に転化する。そうなってくると、たとえ総理大臣であっても、内閣を意のままに動かすことは難しくなる。

たとえば、大規模な行政改革を行った橋本龍太郎首相は、内閣主導体制をつくろうと努力した政治家の一人であるが、行政システムについての知識が豊富なだけに、かえってこうした官僚内閣制の呪縛《じゅばく》にとらわれたところもあった。

一九九七年夏の行政改革会議の場で、憲法第七二条に立ち戻って、分担管理原則を弱めようという主張について、それをむしろ内閣総理大臣の直接指揮監督権（内閣法第六条）の問題だととらえたうえで、「直接の指揮監督には問題がある、もし危機に際して首相が直接指揮をして、後の閣議で否定されたらどうなるか。危機の最中に、首相が責任をとって辞任しなければならなくなる」と発言したのである。そして、憲法上は反対する大臣は罷免できるではないかという質問に、「たとえ罷免しても、後任の大臣は、また改めて反対するだろうから、閣議の結論は変えられない」と答えたと伝えられる。これは、大臣が省庁の代理人であることを認めれば、機動的な内閣運営が根本的なところで制約されることを示す例である。

7　官僚内閣制の呪縛

議院内閣制の本質

このように議院内閣制に含まれる「議院」の意味をよく理解しないと、議院内閣制が議会を通じて国民の負託を受けて行政を行う仕組みであることを忘れてしまう。議院内閣制は単なる内閣制としてしか理解されなくなり、戦前から続く「官僚内閣制」の伝統に絡め取られることになる。そして議院内閣制が、総選挙による政権の選択という民主的基盤を持ちながら、状況の変化を議会の多数派が受け止めることで、任期までも自在に変化させるダイナミックな政治を可能とすることに気づかなくなる。「議院内閣制」という言葉を使いながら、「官僚内閣制」として理解し、「議院内閣制である以上、首相はリーダーシップを発揮できない」などと考えてしまうのである。

さらに付け加えれば、誤解を拡大させているのは、「政治」と「行政」という言葉の使い分けである。政治と行政という場合、それぞれを担うのが国会議員などの政治家と官僚であると考えるのは妥当であろう。しかし、それと関連して立法権と行政権という言葉もある。この政治と行政を、立法と行政に重ねてしまうと、政治家が立法権を担い、行政権を担う主体が官僚ということになってしまう。だが、これは議院内閣制の原理とは違う。

議院内閣制では、政治家が立法府を構成するとともに、立法府の政治家（国会議員）のうち一部（政権党幹部）が、行政府の上層部を構成する。つまり立法府と行政府の主体はどちらも政治家でなければならない。そして政治と行政という対比は、行政権内部における仕分けなのである。

行政府の方針を決めるのは大臣など政治家の仕事だが、それを実施する際には、法の下の平等の原則をもとに、党派性を持たない官僚が担うことが重要になる。行政の政治的中立性などという原則は、まさにこうした場面で有効なのであって、民主政のもとでは行政権自体は政治的に中立であるはずがない。

このように、内閣が官僚内閣制的に運用されることによる問題点は、意思決定中枢が空洞化して、寄せ集めの政策しか打ち出せないところにある。次章ではその実態をより詳しくみていきたい。

第2章　省庁代表制

前章で挙げた「官僚内閣制」という言葉は、官僚が政治を「支配」しているかのような誤解を与えかねないが、そうではない。官僚は一枚岩の集団ではなく、また官僚はさまざまな社会集団とのネットワークのなかで仕事をしており、その関係に拘束されるからである。

かつてもてはやされた「日本株式会社論」などは、あたかも中央省庁の官僚が、日本経済の司令塔であるかのように論じたが、そうした説明が実態とかけ離れていることは、すでに常識である。日本の恵まれた環境と民間企業の努力があって、日本の経済的発展があったのであり、官僚の役割は、それを可能にした要素の一部に過ぎない。

最近になって、官僚批判といえば、そのセクショナリズムを問題にすることが多くなったのも、「日本株式会社論」や「官僚支配論」のような、強大で一枚岩的な官僚制が存在しないことがよく知られたからである。また省庁と業界との癒着についても、批判されるようになって久しい。そうした官僚制の構造と、官僚制と社会とのつながりを考えるのが本章の課題である。

1　日本型多元主義論と官僚制

結節点としての官僚

日本の政治学界では、一九七〇年代半ばまで、権力構造に着目する研究として、官僚支配論と関係の深い「政官財の三位一体的支配構造」論が幅をきかせていた。しかし、同時代の政治過程に関する研究が進むにつれて、この一枚岩的な支配集団の存在は否定された。

一九七〇年代後半以降になると、統一的支配集団が存在しないことを根拠に、多くの研究者が、日本の政治を日本型多元主義として規定しはじめた。これはアメリカ政治学で、一枚岩的な支配集団が存在しないことを根拠に、アメリカ型民主政を多元主義（pluralism）と表現したことに由来する。

アメリカでは、さまざまな人々が自発的に利益集団を形成し、多様な利益集団が活発に活動することで、互いに牽制《けんせい》しあい、中期的にみて利害関係は政治の舞台で均衡するという考え方がある。つまり、多元主義論では利益集団の活動が活性化することが、民主的な結論を出すことにつながると考える。

多元主義論は、一九五〇年代に盛んだったが、一九六〇年代になると否定的な見方も出てきた。それはたとえば、数多くの利益集団が、政治とりわけ連邦議会に影響を及ぼし、その過程で行政官庁の関連部局とも密接な関係を持つという「鉄の三角形」論に表れている。この見方は、利益集団の活動が活発だというだけでは、かえって既得権を発生させて、政治をゆがめるという。

翻って日本である。一九八〇年代日本の政治学界では、戦前戦後連続論が持った「遅れた日本」イメージを払拭《ふっしょく》したいという時代思潮と相まって、多元主義論が盛んになった。この背景には日本もアメリカと似たような民主国なのだという主張があった。

たしかに民主政の定着という点では、日本にもそれなりの歴史はあり、いつまでも政財官を通じての支配層がすべてを仕切っているという見方には無理があった。一枚岩的な支配層の存在を否定することには意味があったのである。

だが問題は、アメリカの多元主義と日本の多元主義とでは大きく異なることであった。日本では、多元主義に形容詞を付けて、「仕切られた多元主義」「官僚主導大衆包括型多元主義」「パターン化された多元主義」などといった呼び名が相次いで提起された。

こうした形容詞付き多元主義論は、日本ではアメリカのように利益集団が自由に結成され、それらが消長を繰り返しながら、政治の主役となる状況がないことを示している。つまり日本政治では、政治活動の舞台が、あくまでも省庁の垣根を軸として設定されているのである。日本型多元主義論では、官僚主導が弱まり、政治家の重要性が強まりつつあるという主張も同時に行われたが、官僚制の重要性を無視することはできなかった。

こうしてみると、日本型多元主義論も、戦前戦後連続論における日本政府の「割拠性」についての批判は、受け継がざるを得なかったことがわかる。割拠性とは、セクショナリズム（sectionalism）のことである。つまり日本政府の内部では各省庁がバラバラで、統一的行動をとれないことへの批判があったのである。

もっとも戦後第一世代の研究者は、こうした割拠性を日本官僚制の病理としてとらえていたが、日本型多元主義論では、むしろ日本に民主政が定着したことの根拠としており、まったく視角が逆転していた。

また、日本型多元主義論は、日本の官僚制が閉じた存在ではなく、社会に深い根を持っている側面をみていた。日本の行政学にも、官僚制が自己完結せず、むしろ社会諸集団の結節点として機能している側面を強調する議論が存在した。

その点で「官僚内閣制」は、単に内閣が官僚の意のままになっている側面だけではなく、官僚が省庁に分かれて独立しながら、社会的には開かれている側面に注目する。官僚集団は、関係する社会集団と密接な関係を持ちつつ、独自の利益媒介経路を持っているのである。

では、その基本単位となっている省庁官僚制、つまり外務省とか農林水産省といった各省庁の組織と官僚は、どういう構造を持っているのだろうか。

2　日本官僚制の特質

人事の自律

日本の各省庁の特徴は、諸外国の中央政府と比べると、非常に変化が乏しいところにある。まず大がかりな省庁再編が長らく行われなかった。戦後、占領期の改革にともなって省庁体制が発足してから、新しい役所がいくつかできたものの、二〇〇一年に実施された橋本行革で省庁再編が行われるまで、半世紀以上にわたって同一の体制が続いていたのである。近年、変化の兆しがみられるものの、日本の官僚制が備えている興味深い特色は、現在でも大筋で維持されている。ここでは、戦後長らく続いてきた日本官僚制の基本構造をみてみたい。

まず、大きな特徴は人事における官僚の自律性である。つまり、各省庁の官僚は、個別人事に関して、外部からの指示ではなく、自分たちで実質的な決定を行っている。政治家が好みの人物に官職を配分する猟官制（spoils system）を廃止して、公務員に資格試験の合格など一定の資格を要求する資格任用制（merit system）を採用した現代官僚制では、政治家の人事権は大きな制約を受ける。しかし、官僚側が自分たちの都合で、ほとんどの人事を決める日本の状況は、かなり異例である。近年まで、任命権者である大臣を含め政治家の介入をほとんど排除することに成功し、各省庁官僚が自律的に人事を行ってきたのである。しかもそうした官僚人事は高度に制度化されており、簡単には壊れない。

よく知られているように、中央省庁の役人は、「キャリア」「有資格者」と呼ばれる高級官僚と、それ以外の「ノンキャリア」「一般職員」と呼ばれる職員に区別される。一般に「官僚」というときは、前者を指すことが多い。こうした区別があるだけではなく、双方の人事は、それぞれ各省庁や局といった基本単位に分割され、それぞれのなかで安定的に運営されている。しかも、国家公務員法が、「公務員の身分保障」を強く規定していると誤解されているので、公務員の世界には、原則的に解雇どころか降格人事もほとんど存在しない。早さに違いはあっても、一定の年功的昇進システムが成立している。

こうした人事に関する基本単位を仮に「人事ユニット」と呼ぶと、人事ユニットは、たとえば高級官僚だけをみても、省庁全体を通して一つではない。それぞれの省庁に分かれているのは当然としても、各省庁の事務系キャリアの人事ユニットに加えて、一般には技術系の人事ユニットが、職種に応じて存在している。

たとえば、国土交通省を例に挙げると、事務官については、旧建設省系と旧運輸省系にそれぞれ人事ユニットがある。そのほか、旧建設省系と旧運輸省系それぞれに技官グループがある。旧建設省系の技官グループは、道路局系技官、河川局系技官、下水道系技官などに分かれる。それとは別に、旧国土庁系の官僚が、旧来の事務官・技官を統合したグループを形成している。省庁合併によって、人事ユニット間の交流・融合を図るなかで、人事ユニットが変化していく可能性もあるが、キャリアといわれる官僚のなかでも、さまざまな人事ユニットが存在するのである。

こうした各省ごと、あるいはそれ以上に細分化された人事ユニットが存在していることが、セクショナリズムの原因だという批判も強い。

国家公務員法制

だが、官僚の人事に手をつけるのは簡単ではない。たとえば、事務官と技官の区別、キャリアとノンキャリアの区別など、国家公務員法にはまったく記載されていない。実際の人事の仕組みもまた、慣行として続けられているだけで、法的に定められたものではない。むしろ国家公務員法が制定されたときの経緯から考えれば、法律の趣旨とはまったくかけ離れた慣行であるということさえできる。したがって国家公務員法の改正が、ただちに公務員制度の改正を意味するとはいえなくなる。現実からかけ離れた法制度を変更しても、現に行われている慣行を変化させることができるか疑問だからである。

国家公務員法は占領下における戦後改革の産物である。その制定を要求した占領軍の動機は明確で、戦前の政党内閣期に高度に政治化した官僚制の伝統を断ち切り、特権的官僚制を民主化し、専門能力に基づく官僚制へと脱皮させることであった。そこで導入しようとされたのが、職階制（position classification system）である。これは公務員の職務内容を地位ごとに具体的に規定し、その遂行に必要とされる能力を明らかにしたうえで、適任者を随時任命していく仕組みである。職階制は現在も行われている官僚人事とはまったく違い、入省時の採用区分が一生ついて回る、あるいは一斉に人事異動が行われ、内部で昇進を重ねていくといった慣習を否定しようとした。

この改革案は急進的であったため、当時の官僚からの反発は根強く、サボタージュにあう。ほかの戦後改革は形ばかりでも実施されたが、新しい国家公務員法は制定されただけで、実効性のあるものにはならなかった。たとえば職務内容の明確化のためには研究が必要だとして、人事運営のうえで官僚制の実態と正面からぶつかる、昇任規定などの制定は先送りされた。そして「当面の処置」として、それまでの人事慣行がそのまま継続したのである。

また新たに中央人事機関として人事院が設置され、職階制の研究とともに、国家公務員の処遇や労使関係を処理することになった。しかし、官僚の人事システムが変わっていないのに、新たな仕組みのもとで機能すべき機関が設置されても、予定された機能は果たせず、人事院は行政機関のなかで孤立しがちであった。

こうした経緯のため、形式と実質が大きく乖離《かいり》しているところに現代日本の官僚人事制度の問題点がある。ほとんどの実務が、非公式制度によっているために、外からみえにくいだけではなく、意識的に改革することが難しいのである。

まず、官僚人事の主体が曖昧である。法律上の任命権者は各省庁を分担している大臣である。しかし、資格任用制の縛りを受けるので、その要件を厳しく解釈することで、大臣が個別人事を自由に行うことは難しくなる。たとえば、ある人事を行うにも、前任者の行き先、新任者の選任、新任者のいたポストの補充など連鎖的に行わなければならない。そのため事務方が作成する人事案に従うしかないことが多く、省庁の人事は、官僚自らが自律的に行うことになる。このように官僚の身分保障、降格などを含めた処分の制限、一斉人事の慣行など、さまざまな慣行が相まって、官僚自身による人事というみえない原則を温存しているのである。

事務系キャリアの人事

では、実際に、どのような人事が行われているのか。事務系キャリアの例をとると、まずほとんどの場合、大学在学中に法律職を中心に経済職や行政職といった区分の公務員試験に合格する。この試験合格者のなかから、各省は採用予定者を決めていく。採用が決まった者は、学部卒業後すぐに入省するが、この入省年による「年次」は後の人事の基本要素となる。人事担当者から目を付けられた優秀な新人が、特定の部署（大臣官房総務課など）に配属される例もあるが、入省したての頃は、同期はほぼ同じ待遇を受ける。見習い的な仕事からはじまり、次第に実質的な仕事を任されるようになる。多くの人員を抱える役所では、最初に現場の仕事を一通り経験させる意味もあって、初期の人事異動は激しい。たとえば警察庁に入省した新人官僚は、現場にさまざまな階級があることもあり、一年ほどの間に一般の警察官が一生かかるような昇進を経験することになる。

若手官僚も、いくらか経験を積むと、二〇代で係長級となり、幹部の仕事の末端に連なるようになる。官僚の仕事は霞が関の自分の役所だけではない。違った経験を積むために、地方自治体に出向したり、海外留学の機会を得たり、地方部局の経験を積んだり、他省庁との交流人事の対象になったりする。以前行われて批判された、大蔵官僚（当時）が二〇代後半で税務署長になり、「人の上に立つ練習をする」などといった慣行があったのは、この時期の人事の一環であった。

このように、ほぼ二年ごとに、さまざまな職務を経験するが、本省の課長補佐になった頃からが、官僚が本格的に活動する時期である。幹部に権限が集中する省庁と、下部に権限が分散している省庁で違いはあるが、重要案件を抱えた場合には寝食を忘れ、連日深夜まで仕事をして、実質的に政策内容をつくり出すのは、課長補佐であることが多い。

入省して一〇年か一五年経てば、本人の能力も明らかになってくるので、同期入省者の間で、微妙な差がつきはじめる。最近は変わりつつあるが、従来は、通常六月から七月の一斉人事で、入省年次をともにする同期入省者（同期）が、等しく昇進するのが例であった。ただし同じ課長補佐でも、重要案件を手がける注目ポストと、そうでないポストに分かれる。重要ポストに配属されて、さらに有能だと認められると、次も重要ポストに配属される。この仕組みで、能力を立証すれば、同期のなかで誰が出世の可能性が高いか、次第に明らかになっていくのである。

局長が成功の証

こうして表面上は、目立たない差がついたまま課長適齢期になると、人事に余裕のあった時代には、事務系キャリア官僚は、数年の幅でほぼ全員が課長に任命された。ただその先は、ポストの数はピラミッドの頂点に近づくにつれて減少するので、同じように昇進するわけにはいかなくなる。そこで間引きが必要になる。定年までずいぶん年数があるのに、早期退職勧告つまり「肩たたき」の対象となる官僚が出てくる。もちろん定年前に辞めてもらうには、何らかの就職先の世話、つまり「天下り」先を用意する必要があり、民間企業をはじめ、さまざまな特殊法人や、関連団体が受け皿となっていた。

最近になって、省庁間の人事交流の必要性から、積極的に他省庁で勤務する経験を積むことが求められているほか、昇進圧力を弱めるために、いずれ省庁へ戻ることを前提に関連団体へ出向したり、大学で教える例も増えつつあるが、人事の基本的な構造は変わらない。

課長になってからも、重要と見なされる課長、たとえば「官房三課長」（総務課長、人事課長、会計課長。なお名称は省によって異なる）などを経験した官僚が出世コースに乗る。生き残った官僚は、次の審議官や部長などの段階で選抜され、そのなかから局長が生まれる。官僚としては、局長がほぼ最高のポジションであり、そこまで行けば成功のうちに官僚人生を全うしたことになる。

もちろん局長経験者から各省官僚の最高ポストである事務次官に上り詰める官僚があるが、通常こうした事務次官は同期のうち一人だけであり、次官在任が二年以上になると、後の期からは次官が出せないこともある。また、同期から次官を出した官僚は本省を離れる慣行もあった。これにより同期の昇進競争と、本省における官僚人生が終わるのである。

一般に官僚人事は年功序列だといわれる。たしかに一斉昇進慣行や、狭い意味での給与に着目するとそうした側面もあるが、局長級にいたるまでに長い競争があり、そのなかで人材が淘汰《とうた》されるために、激しい競争も存在する。また給与も、審議官級以上のいわゆる「指定職」ポストの給与は急に上昇する。天下りポストも役所を離れるときのポストを基準に決まるから、同期の事務系キャリア官僚でも、課長級で天下る者と、事務次官経験者との間には、生涯賃金では大きな格差が存在する。つまり、天下りは、生涯における最低生活保障ではあるが、競争を促す処遇格差をも内在しているのである。

ここで簡単に紹介した事務系キャリアの昇進は華々しいが、技術系キャリアは、頂点ポストが低いことが多く、昇進も少し緩やかになる。中二階的な専門職の人事ユニットの昇進はさらに緩やかであり、ノンキャリアの場合には、上位ポストに到達しない分だけ、途中で肩たたきにあう可能性こそ少ないが、競争がないわけではない。数多くのノンキャリアのなかの優秀な職員は、抜擢《ばってき》されて中間管理職になるので、その可能性のある職員の間の競争も激しいことがある。

日本の官僚制は、こうした人事ユニットに分かれて、仕切りのなかで競争を行う官僚の集合体であり、伝統的な省庁の枠組みは、人事ユニットを束ねる基本単位である。

「省庁連邦国家日本」

省庁の枠組みは、人事をベースとしながら、予算や組織運営手法でも、それぞれ自律性を主張する単位となる。そのため公共事業の分野別予算比率が長らく一定であったように、局ごとの予算枠や、局ごとの運営手法などを守ろうとする強い力が働く。

たとえば、予算に関しては、毎年、わずかな増減をつけて調整する「漸変主義的」編成が基本となる。予算を確保することが、次へとつながるため、自らの予算を減らさず、少しでも増やすことを第一目的とする行動を生む。これは官僚制の一般的な特質で、どこの国でもあることである。しかし、日本の省庁では、のちに詳しく述べるように所轄権限がきわめて重要な意味を持つため、いわゆる「権限争議」という、自ら所轄権限を確保しようという省庁間の争いが、いっそう激しくなる傾向がある。

こうなると仕事の中身よりも、予算枠や権限を確保することに関心が集中し、獲得した予算の使い道や権限の行使には、あまり関心がないという倒錯的な現象すら起こる。省庁の垣根が高いなかでは、いったん確保した職務領域内で行うことは、自動的に政府の決定となるわけで、競争相手が現れることがなく、特別の不祥事でもなければ批判されないという構造のためである。まさに割拠性の病理が現れている。

そこで、日本政府は「省庁連邦国家日本」（United Ministries of Japan）として把握することもできる。官僚内閣制は、省庁を主体とする政府構造を暗黙のうちに前提にしているが、それそれの省庁官僚制が自律性を確保するならば、政府全体は連邦国家のような様相を呈するのである。

3 積み上げ式の意思決定

政策形成の過程

こうした構造を持つ各省庁では、政策はどのように形成されているのだろうか。政策の種類により違った政策形成パターンが存在するのは当然だが、ここでは、典型的な例を紹介したい。

まず、新たな政策が求められる状況になると、その情報や要求が多方面から寄せられる。定式通り大臣が特定の政策に興味を持ち、政策の立案を命じることもある。また関心のある国会議員が案件を持ち込むことも少なくない。しかし、各省庁内のキャリア官僚は、新規政策の立案に生き甲斐《がい》を感じており、また予算獲得のためにも、新規施策を必要とするので、省内に新規政策や政策変更のアイデアが存在することが多い。事故や事件によって、社会的な関心が高まり、政策変更や新規措置を求める声がきっかけとなって、政策が立案されることもある。

このとき、関連する政策分野に責任を持つ「所轄」部局の責任者、たとえば所轄課の課長が新規施策の必要を訴え、上層部の了解を得る場合が多い。もちろん各省庁幹部が新規施策の必要性を求めて省内の合意形成に動くこともある。大臣と官僚の関係が良好であり、大臣が政策への強い関心を持っている場合には、こうした萌芽《ほうが》的状況でも大臣に状況が報告される。さらに「族議員」と呼ばれる、その省庁と関係の深い国会議員に力がある場合には、この段階で、あらかじめ新規政策を検討していることが伝えられる。そして、ある程度以上の重要性を持つ案件であれば、政策の基本的な方向性について、省内で大筋の合意を確保するため、公式・非公式の会議が開かれる。

それを前提に政策の具体的な立案がはじまる。もちろん省内に意見対立があったり、関係の政治家、あるいは社会諸集団の意見が分かれたりしている場合には、それを調整することが前提になる。その際、重要なのはどの部局が立案を担当するのかという調整であり、ほとんどすべての事案が、所轄省、所轄局、所轄課というかたちで、省庁体系の特定の部局のなかに位置付けられる。とりわけ新規性が高い事案の場合には、所轄すると見なされた省に、準備室などの組織が臨時に設けられ、立案作業を担当する官僚が集められることもある。

新規施策が魅力的な種類のものであれば、複数の省庁が関心を示すことがあり、とりあえず関心を持った省庁は、それぞれに担当部局を定めて、その省庁なりの政策を立案しようとする。この場合は、将来の権限の争いを予想しながらの行動になる。

稟議制論と合議

日本官僚制における意思決定について、かつて行政学に「稟議制《りんぎ》」論という議論があった。これは「稟議書」と呼ばれる決裁書類が、担当の下位部局から、次第に上位部局に回覧され、回覧した役職者が、その書類の決められた枠内に順に承認印を捺《お》すという事務手続きに着目し、意思決定に「稟議」という方式が採られていると主張するものであった。これに対して、官僚のなかから、たしかに稟議書は存在するが、実際の意思決定は稟議書回議《かいぎ》の前に終わっており、稟議手続きは単なる後付けの事務処理に過ぎないという反論が述べられた。そこで、実態とは違っているということで、議論は下火になった。

しかし、稟議制論の意思決定方式批判には、注目すべき点もある。稟議制による意思決定には大勢の関係者が関与するために、責任の所在が不明確になる、幅広い関係者の承認が必要であるために、決定に時間がかかるという批判である。

たしかに稟議書に基づく意思決定という想定は、あまりに形式的で、現実にはありそうにない。しかし、稟議制論にはいくつかの重要な手がかりがある。それは意思決定後の事務処理過程で多数の参加者が承認印を捺すということは、少なくとも「正式の意思決定」では、「関係者」の同意が必要だとされている点である。これは、ピラミッド型の組織が通常想定している意思決定方式、つまり下位部局からの提案を、上位者が自由に取捨選択して正式の決定にするといった手順が前提にされていないことを意味している。

また稟議制論では、下位の所轄部局が全面的に起案を行うと解釈されたが、たしかに上位の関係者と相談もなく政策立案を行うことはないにしても、役所などで、よく「原案は七分の利」といわれるように、所轄部局は有利な地位を占める。その点で、稟議制論が見出した事務手続きは、日本官僚制における意思決定権限の分散的傾向と、所轄部局の優位性を裏面から例証している。

また、部局間のていねいな合意形成の手順が踏まれるのも興味深い点である。たとえば各種会議に、その問題に関係する部局から官僚が出て、政策のあり方について議論しながら合意を形成する。さらに所轄部局の担当者は、政策の原案を持って関係部局を訪ね、その同意を得て回る「合議《あいぎ》」（あるいは「相議」）という手順を踏む。こうした合議の積み重ねによる合意形成が、日本官僚制における意思決定の重要な特徴である。合議は、局内の所轄課が他の関係課から同意を取り付けることからはじまって、省内の関連局、他省庁の関連部署というように対象を広げていく。次章で述べるように、その過程で自民党を中心とする与党政策審議機関や、関連議員に対する「御説明」と呼ばれる同様の手順が踏まれるのである。

このように、個別の調整を積み上げて、原案は修正されながら、次第に精緻《せいち》な案となり、法案の場合であれば、「骨子」、「要綱」、条文化された「法律案」と練り上げられていく。

相互作用による政策決定

ここで注目すべきなのは、こうした政策立案と政策決定の近接である。つまり、官僚がいくつか原案を作成して上位者に提出し、それをもとに大臣など意思決定権者が決定を行うというような事例は珍しい。もちろん途中で大臣が、意見を聞かれたり、状況を説明されたりすることはある。しかし所轄部局による起案と合議を通しての組織的な調整過程を経て、次第に政策が立案されると同時に決定されるのが通常の省内意思決定過程である。誰かが意識的に決定を行うというよりは、相互作用のなかで、政策が形成されるのである。

もちろん現代の複雑な組織では、こうした意思決定方式が有効な局面も少なくない。しかし、ほとんどすべての政策がこうした方式で決定されると、ゆがみも出てくる。合議の対象となるような組織や官僚が、重みの差はあるにしても、他部局へ拒否権を持つこととなり、合意調達に時間とコストがかかるばかりではなく、従来からの方針転換が難しいという結果を生むからである。

また所轄部局が決まらないと政策決定ができないため、問題の処理が小さな単位に分割されがちである。そして問題解決のための政策を各部局が個別に作成すると、全体としての調整は容易ではない。その解決策として複数部局が共同して起案する「共管」という方式もあるが、事前の調整が難しいだけでなく、何かことが起こると、常に組織間の協議が必要となり、面倒が多い。その意味で「日本全体」の課題に対処するには、問題が多い仕組みなのである。

ただし、実質的な政策決定が現場に近い所轄課でなされるということには利点もある。それは組織上、政策実施の責任を持つ部局が、政策決定に対して、立案過程を通じて強い発言権を確保しているため、現場の実情や政策実施上の諸問題をよくふまえて、政策が立案・決定される点である。また実施すべき政策の内容が担当者によく認識されているため、順調な政策実施がなされやすい。この点は日本官僚制の持つ意思決定システムの長所ということはできよう。

このような問題点を内包する政策決定システムを前提に、日本政府としての意思決定は、どのようにして整合性を確保しているのか。その鍵を握るのが、「総合調整」である。

4　政策の総合調整

予算交渉

総合調整とは、字のごとく総合的に調整することであるが、日本政府内で使われるときには、省庁横断的な問題で、省庁間の対立があるとき、それぞれの省庁の合意を取り付けて、結論を得ることを指すことが多い。その点では、官僚内閣制を前提に、対立を調整して、政府全体の政策の整合性を図る仕組みのことである。

わざわざ特別の調整がなされなくても、合議《あいぎ》による政策の個別調整の際にも、総合調整の必要性は認識されている。その一つの例が、関係者による公式・非公式の「会議」の存在である。これは個別に調整するだけではなく、広く関係者が集まって、合意を形成しようとするもので、全体性を確保する試みである。しかし、権限が明確ではない会議を開くだけでは、調整がもっとも必要とされる場合、つまり激しい対立がある場合や、全体像がみえにくい政策課題に対処する場合に、有効な結論を得ることは難しい。

そこで個別の合議を超えて、全体的な調整を行う仕組みが伝統的に整備されている。たとえば、所轄部局が特定の政策が必要だと主張するとき、それに費用がかかるとしても、他部局は自ら所轄する政策へ悪影響を与えないのであれば了承する。しかし多くの部局が、費用のかかる政策を実現しようとすれば、全体として歳出増の圧力が強くなる。このとき、予算編成過程が一定の手続きとして成立していれば、各省庁の予算要求は、手順に沿って整理されるので、全体として整合性が生まれる。査定側がきちんとした方針を持っていれば、査定側には要求の全体像がみえているが、個別の要求側官庁は、他の官庁の動向がわからないという情報の非対称性を使って、全体的整合性をにらんだ査定ができるからである。

これを可能にするのが、予算編成での対面的交渉である。第6章で触れるように最近になって変化がみられるが、長らく続いた典型的な予算編成過程をみてみよう。

まず、新年度予算が国会で成立し予算執行に移るとき（例年は春）、各省庁では翌年度予算の目玉探しがはじまる。省庁では、この目玉を「一丁目一番地」と呼んでおり、その年度における各省庁の重点施策あるいは新規予算項目のことである。

ある課では、課長補佐が中心となって、これまでの施策のレビューから、新しい施策のアイデアを温め、別の課では課長が長年考えてきたアイデアをもとに、具体的な政策案にするための課内の検討を命じるかもしれない。

各課の提案は、各局の総務課などとりまとめを行う部局へ送られるが、このとき各課は要求側、総務課などが査定側というかたちで対面式の交渉形式を採る。局内の結論が出ると、今度は各局の総務課が、大臣官房の会計課を相手に自らの政策や予算を、翌年度の重点とするよう要求し、それを官房側がその省庁全体のバランスを考えながら取捨していく。夏の間に、こうした交渉が続き、通常八月末の概算要求締め切りまでに、各省庁内部の調整は、終了することになる。

九月以降は、各省庁と財務省（大蔵省）との予算交渉である。普通これを予算編成過程と呼ぶ。ここでも、対面式の交渉スタイルが採られる。とりまとめに当たった各省の官房が調整を行うが、官僚制の下から上へと、具体的な要求と査定が繰り返される。たとえば所轄課の課長が要求するのは、財務省（大蔵省）主計局の課長補佐に当たる主査であり、主査は上司の主計官と相談しつつ、前年度からの継続など問題の少ない予算については、値切りながらも認めていく。ただ新規予算や問題を含む予算は、この時点では資料提出や説明だけで、決定にいたることは少ない。

次は局長級の官僚が主計局へ出向き、課長級の主計官相手に交渉する。ここでも、要求と査定が繰り返される。新規予算などについて、ここで認められる項目もあれば、残される項目もある。こうして絞り込まれたものが、一二月になって整理され、大臣折衝へとつながる。

このとき主計局内部では、次長が中心となり査定の進行管理を行うとともに、主計官会議において、それぞれの主計官が担当する省庁の予算を要求する立場になって、その政策に予算を割くべきことを説明する。それを受けて、会議では、予算の割り振りを、交渉の進展状況に応じて調整する。こうした局面があるために、予算編成が総合的な調整となり得るのである。

一九七〇年代半ばまで、歳出額が伸び続けていたときには、主計官会議で実質的な調整が行われており、「大蔵省の権力」には裏付けがあった。ところが一九七〇年代後半に赤字国債を発行し、歳出抑制のために概算要求枠（シーリング）を設定するようになると、実質的な各省の割り当てが概算要求以前にみえるようになった。そのため、各省内部における予算の絞り込みの持つ意味が大きくなり、財務省（大蔵省）による予算査定権限の意味は全体として低下することになった。

このように日本の予算編成の特徴は、イギリスなど諸外国にみられるような、分野別の割り振りを決めてから内部を詰めるというかたちを取らないところにある。積み上げの過程で調整を行うので、安定感はあるものの、大規模な変化の乏しい調整にならざるを得ない。

組織・定員の総合調整

最大の総合調整は、いままで述べたような予算編成であるが、そのほかにも、総合調整の機会がある。たとえば組織に関して、定員組織管理を通じての総合調整がある。一九六九年の総定員法（行政機関の職員の定員に関する法律）の制定以来、日本の中央政府の定員（公務員数）は全体として凍結され、時に応じて削減されている。諸外国に比して人口一人当たりの国家公務員数が著しく少ない理由の一つがこれである。

このとき全体の枠が決まっているだけではなく、各省庁に割り振られる定員も決められているために、組織変更の際には、これを所管する総務省行政管理局（行政管理庁行政管理局、総務庁行政管理局）の査定を受ける必要がある。スクラップ・アンド・ビルドが前提になっているために、定員増を必要とする改革は、その代わりに廃止する部局や定員を減らす部局を決めなければならない。また局や課などの組織についてもルールがあり、それも一定のチェックを受けるから、組織膨張の圧力への歯止めとなっている。

さらに公務員給与を基礎づける給与表の等級に関しても、人事院の査定があり、「数は変わらないが、人件費は膨張した」ということがないようになっており、その点でも総合的な調整が行われている。ただ、こうした定員や給与、組織を通じての調整は、受け身であるとともに形式的なものである。量的な意味での政府全体の規模を調整する機能は果たしているが、現状維持に有利な仕組みでもある。そこで、それぞれの政策目的に照らしてみれば、政策転換を妨げる仕組みだともいえる。

内閣法制局による法令審査

もう一つの総合調整機能は、内閣法制局による法令審査によって果たされている。これは内閣提出法案に関して、閣議決定前にその法案が既存の法令と矛盾しないか、法律改正すべき点を過不足なく含んでいるか、法文の表現や内容が論理的な問題を含んでいないかを、内閣法制局の官僚が検討するものである。この法制局審査は、法案を用意した各省庁の官僚にとって、大きな関門として意識され、時にこれを突破するために多大の労力が注がれる。特にこれまでの法律体系に含まれない、新たな考え方をもとに、法律が起草されたときには、既存の法令との整合性が問題となり、内閣法制局が新しい法文の書き方を認めないことも起こる。これも日本の法令体系をできるだけ統一的で、相互に矛盾のない規定によって構成するべきだという考え方に基づくものである。

諸外国、とりわけイギリス、アメリカなどのように、こうした考え方を持たない国もある。これらの国では、「後法は前法を破る」「特殊法は、一般法に優先する」といった概念をもとに法令の有効性を判断して、法令相互の矛盾を気にせず、最終的には裁判による判例の蓄積で問題が解決される。日本は、こうした国に比べれば、条文に異様なほど細かいチェックがなされ、現行法令全体の整合性が保たれているのである。

ただ、既存の法律体系と矛盾があることが原因で、新たな政策的な工夫が、法律表現の面から実現しないという例も存在する。こうした場合には、あまりに厳格な審査が政策革新を妨げることになる。また小さな法律改正でも、改正しようとする名称が他の法律で使われていれば、それも併せて改正しなければならず、法案起草に大変な手間と時間がかかる。そのほか、憲法解釈のように、事実上強大な影響力を誇り、政治家の活動を規制する機能を果たしていることもあり、どのような立場で審査をすべきかについては、議論の余地がある。

これらの「総合調整」の例は、各省庁側がいわば「要求側」となり、「査定する」審査機関側と個別に行われるものである。そこで、各省庁間の調整は、事前の合議による調整はあるにしても、内閣全体として、異なる領域の政策を、一挙に調整するものではない。

内閣官房の台頭

それに対して、一九八〇年代以降次第に増えてきて、近年その事例が多くなりつつあるのが、内閣官房あるいは内閣府による総合調整である。

一九八五年の中曽根康弘内閣による行政改革で、内閣官房の組織が変更され、内政審議室と外政審議室が新たに設置された。前者は内政にかかわる、後者は外交・通商・安全保障にかかわる政策の調整を行うこととされたが、各省庁に任せていたのでは有効な調整が難しい案件を内閣官房が中心となって、積極的に調整するというものであった。当初は事例も限られていたが、その後とりわけ首相がこうした取り組みに熱心な場合には、さまざまな場面で活用されるようになっている。

内閣官房など内閣を主体とする調整は、一九九八年に法制化された橋本行革においても強化された。内政審議室長や外政審議室長などが格上げされて内閣官房に内閣官房副長官補が置かれ、内閣官房副長官の統率のもとに政策調整を行う体制が整備された。また新たに設置された内閣府には、経済財政諮問会議や、総合科学技術会議が置かれ、総合調整に相応《ふさわ》しい案件を積極的に取り扱うばかりではなく、日本政府の政策全体に、体系的な検討を加える機能を持つようになった。これについては後に日本の内閣制の変容と将来の方向を論じる箇所で詳しくみていきたい。

このように総合調整は、分散的傾向が強い日本の省庁体制のもとで、全体的な政策の整合性を確保しようとする営みである。だが、いずれも積み上げ式の意思決定を前提として、それを修正しようとするものであった。その意味で、全体の方向性が示され、それを具体化していくという下降型意思決定の側面はきわめて弱い。総合調整は、独立性を持つ各部局それぞれが示す方向を足し合わせて、全体の方向を形成するものなのである。

5　中央政府と地方政府の関係——集権融合体制

「集権」か「分権」か、「融合」か「分離」か

先に日本の政策過程で政策立案と決定が近接していることが、政策実施にとってよい方向に働くということを述べた。ただ、現実の政策実施に関しては、考慮すべき点がある。それは、外交政策、防衛政策などを除いて、多くの政策を実施するのは都道府県や市町村など地方政府（地方自治体、地方公共団体）であって、中央政府の各省庁は地方政府に政策実施を委《ゆだ》ねている点である。

近年まで、日本の中央政府と地方政府との関係（中央―地方関係）について、中央集権的性質が問題視されてきた。これは、戦後改革で、市町村のみならず、都道府県も、直接公選された首長と議会を備えた意義が理解されていないとの批判である。選挙によって選ばれた首長や議会は、民主的正統性を持つ。都道府県や市町村は、正統に成立した「政府」として扱われるべきであり、中央政府も応分の敬意を払うべきであるとする。そうした観点からすれば、機関委任事務や補助金配分を通して中央政府が、「箸《はし》の上げ下げ」まで指図するよう

な関係は、地方自治を尊重していないと映るのである。ここには、第1章で紹介した、日本政治に関する戦前戦後連続論と似通った構造がみられる。

それに対して、戦前戦後断絶論は、地方政府はたとえば地元の政治家を通じて、中央政府への影響力もあるとされ、また中央政府の縦割りに対して特に市町村レベルでは総合調整力を使って独自性を発揮し、時を経るごとに、その傾向が強まっていると反論する。第二次世界大戦終結から六〇年経ち、長い時間をかけて戦後改革が定着しているとし、戦前戦後断絶論が指摘するように、地方政府も実質を備えてきたとする。

いずれにせよ、一九九〇年代後半以降、近年の地方分権一括法が「地方公共団体」と「国」は対等であると規定したほか、「改革派知事の時代」と呼ばれるような地方首長の活躍も相まって、地方分権が急速に進みつつある。

その意味で、いま日本の中央―地方関係も大きな変革期を迎えている。だが、程度の差こそあれ戦後長らく集権的体制が続いていたことは、認めるべきであろう。戦前戦後断絶論による戦前戦後連続論批判も、戦前と同じような中央集権ではないというところが主眼であり、諸外国と比べ日本で地方分権が進んでいると主張したわけではなかったからである。

このように、一般に地方自治が語られるときには、「分権」か「集権」かが問われるが、問題はそれほど単純ではなく、「融合」か「分離」かという軸も重要である。すなわち中央政府と地方政府の仕事が別々になされ、中央政府が自らの政策領域で、直接実施事務を担い、地方政府が企画立案・決定・実施を自己完結的に行っているとき、両者は「分離」されている。そのとき集権的であるというのは、中央政府の権限領域が広い場合であり、分権的であるというのは地方政府の権限領域が広い場合である。しかし両者が融合しているときには、問題は複雑になる。多くの政策領域で両者が協力しあって業務を進めているとき、どちらにイニシアティブや、最終決定権があるのか見極めるのは難しい。

実際、戦後日本の中央—地方関係は、高度の融合的体制であった。たとえば、義務教育を保障するのは、中央政府の責務であると理解されている。しかし、実際に小中学校を運営するのは市町村であり、国庫負担金というかたちで中央政府が用意する補助金は必要額の半額であって、あとは地方政府負担なのである。また警察行政は地方自治の領域とされ、警察官の給与は都道府県が負担する。しかし警視正以上の幹部警察職員は、都道府県の警察本部に属するのに、中央の警察庁による人事が行われ、各都道府県警察の定員は警察庁によって定められる。こうした例は、あらゆる分野に及び、ほとんど地方政府側に裁量の余地のない事務であっても、中央政府は費用を全額負担することをせず、実際に事務を行う地方政府が、中央から受け取った費用の不足分を調達する必要がある。

機関委任事務制度の功罪

こうした仕組みを制度的に象徴していたのが、機関委任事務制度であった。これは中央政府の仕事を市町村や都道府県が行う場合、その事務の遂行は地方政府の首長が中央政府の機関として行うものであり、地方政府の仕事ではあるが、地方自治の領域ではないとする制度である。そこでは、首長は事務の遂行を拒否できず、地方議会の関与もできないとされていた。これは一九九九年に成立した地方分権一括法で廃止されたが、こうした地方政府を「国の機関」であるとする見方は、戦前の官治型行政の名残である。

もっとも、逆にこうした制度があったからこそ、多くの中央省庁は実施事務を地方政府に委ね、直接実施することが少なかった。その点で機関委任事務制度には二面性があり、一方で中央集権的に作用しながら、他方で地方政府の実施事務を広げる効果があった。そのため、日本の地方政府は、諸外国に比べても異例なぐらい幅広い事務をこなしている。このことは特に注目されるべきである。

だが、中央政府における割拠性の弊害が、そのまま地方政府に持ち込まれることもあった。たとえば公共事業を所管する国土交通省の前身である建設省や運輸省などの官僚集団は、交流人事によって都道府県と密接な関係を築いていた。そして補助金の分配や、中央と地方の公共事業の仕分け、当該地方にかかわる中央政府の事業実施における協力などを通じて、地方政府と濃厚なネットワークを築き上げていた。そこで、ある県の知事が、自分の部下である土木部長に指示を出したところ、「本省と相談してみます」と返答されたという話も、さほど不思議ではないという状況があった。地方政府のなかにも、自分たちは中央の各省庁の出先あるいは関連団体であるという理解が浸透していたのである。

この中央—地方の融合体制は、高度成長のさなか、行政領域が膨張し続け、社会が成熟していないときには、一定の成果を上げていた。たとえば、外国の制度を調べて、新たな制度を中央政府が導入し、それを中央省庁官僚の事細かな指示をもとに、地方政府が実施するといった仕組みである。

しかし一九七〇年代末頃から、政策飽和の時代となり、政策の対象となる社会が成熟して、より高い水準の行政が求められるようになったとき、現場を持たない中央政府の官僚制は、次第に現場感覚からかけ離れ、勝手な指示をする病理現象を呈することが増えてきた。

もともと中央省庁のキャリア官僚は、短い期間で官職を渡り歩くため、その間に新規施策をつくることに関心を集中することが多い。いいかえれば既存の政策の管理に情熱を傾ける官僚は少ない。また、ノンキャリア職員は、既存の法令・規則の運用を専門としており、「手堅い行政」を維持することに喜びを感じたり、省内でキャリア官僚に圧迫される鬱憤《うっぷん》を晴らすかのように、地方公務員に高飛車に出ることも少なくなかった。

こうした状況では、政策実施の現場である地方政府の生きた情報は、中央の官僚制に伝わりにくくなる。第3章で述べる族議員の隆盛は、中央省庁の政策実施現場への無理解から起こる問題を、個別陳情によって解決しようとする側面がある。このように日本の官僚制は、意外かもしれないが、政策実施には疎いという弱点を持っているのである。

6　深く浸透する国家

民間企業に委託された政府機能

地方政府との関係に現れているように、日本の政府が外に手足を持っており、政府の境界が明確でないことは、政府の規模が大きいのか小さいのかという問題とつながってくる。財政における国民負担率からすれば日本は先進諸国のなかで、かなり低い水準にあり、歳出総額からすれば中ぐらいの水準になる（その差額が毎年の巨額の財政赤字である）。公務員数からすれば、日本は中央政府はもとより、地方政府を含めても、人口比率ではかなり少ない。こうした外形的指標をもとに考えると、日本政府は比較的小さい政府だということができよう。ところが、実感としては、政府活動が小さいという印象を持つ人は少ない。むしろ、とりわけ中央政府が中心となって、積極的な活動を繰り広げ、社会の隅々まで政府の影響を与えているると考えられている。それはどうしてだろうか。

まず、各省庁が持つ関連団体の問題がある。たとえば、公社・公団といった特殊法人である。これには政策金融機関や、現業的部門、さまざまな実施事務を行う団体が含まれる。また、民法に根拠を持つ財団法人や社団法人など公益法人であっても、実際には各省庁によって設立された団体が存在する。それどころか株式会社であっても、空港の運営を担当する株式会社があるように、実質的に省庁の関連機関である場合もある。

事業者などが設立する業界団体は、純粋な民間団体のようにみえるが、戦時中に総力戦遂行のため、業界団体が統合された例にみられるように、各省庁の働きかけでできた団体が少なくない。そのため、監督官庁が強い影響力を持っていることもある。また長年の協力関係から、上下関係がはっきりしなくても、各省庁の官僚から「身内」と見なされている団体も数多い。

こうした団体が報道などで問題になるときには、天下りとか補助金の分配という側面が強調されるが、理由もなく存在するわけではない。関連団体が政策実施の際に協力、あるいは実施そのものを担当することも少なくない。また、政策立案に際して関係者の意見集約を業界団体が行う、調査業務を関連団体が行うなどの活動もある。こうした関連団体を持つことで、各省庁の活動領域が外に広がるのである。

このような現象は、先進諸国共通であり、関連団体などとの協力関係は、「政策ネットワーク」と呼ばれる。これは、政策課題ごとに偶発的に関係が生まれる「イシュー・ネットワーク」と、関係者が長期的に比較的閉じた関係を結ぶ「政策コミュニティ」があるが、日本の場合には、後者の場合が多い。そればかりではなく、政党が政策面で主導性を発揮することが少ないので、政策コミュニティの意味は大きく、省庁官僚と外部団体などとの相互依存関係は、諸外国と比べても強い。

さらに、関連団体のように、目にみえるかたちでなくても、政府の外延が社会に広がっている事例も多い。たとえば、税の徴収における源泉徴収である。確実に税を徴収するために源泉徴収制度を備える国は多い。しかし日本の場合、源泉徴収のほかに、複雑な税額計算まで、多くの民間企業が納税者たる従業員あるいは徴収者である税務署の代わりに行っている。年末調整などの制度を使えば、多くの給与所得者は、税務署と関係を持たないまま、納税という重要な行為を終了する。これなどは、企業の経理部門が、政府の役割を一部肩代わりしているる事例であって、見方を変えれば政府機能が企業のなかにまで入り込んでいるともいえよう。

曖昧な「国家」と「社会」の境界

このように考えると、政府と政府の外側との境界は不明確になる。それを言葉から示唆するのが、日常言語における「国家」「国民」などの用語の混乱である。

たとえば西洋流に国家をステート（state）の訳語であると考えると、その国家には一般の民間人は含まれない。国家は支配機構である政府を意味するからである。西洋の政治学では、国家（state）と社会（society）の二分法をもとに議論を展開することが多い。国家には社会は含まれないのである。しかし多くの日本人は、自分を国家の一員だと思っているのではないだろうか。

逆に和英辞書では国民をネーション（nation）と訳すのが普通である。だが、ネーションは、国を成り立たせている人々の集合体であり、それぞれの国に一つだけ存在するものだということに注意する必要がある。そこで、よく使われる「国民一人一人」というときの国民がネーションを指すのは具合が悪い。その場合の国民は、ピープル（people）であって、これを「人民」と訳すのを嫌って、国民と呼ぶ場合が多いように思われる。

つまり、実は、多くの人が自分もメンバーだと思っている「国家」はネーションを意味すると考えたほうがよいのである。その意味では日本では、ステートとネーションの区別がはっきりしない面がある。

そうした言葉遣いの検討から、日本では国家と社会というような二分法が必ずしも一般に理解されていないと考えられる。本書でもこれまで、あまり国家という言葉を使わず、政府という言葉を使ってきたのは、このためである。

実際に、日本ではステートとしての日本国家が深く社会に浸透し、その境目がはっきりしなくなっている。本章で述べてきたことも、国家と社会の境目が、はっきりしない実例であると考えるとわかりやすい。

そこで思い出されるのが、『通産省と日本の奇跡』で有名になったチャーマーズ・ジョンソンによる規制指向型国家と発展指向型国家の区別である。彼は、日本の事例をもとに欧米の国家—社会関係とは違う仕組みを見出した。つまり、欧米の国家は社会における市場の失敗の除去を図る「規制指向型国家」であり、規制する者と、規制される者という関係が強調されて、国家と社会諸集団は対立的な存在となる。これに対して、日本など東アジアでは、国家が「発展指向型国家」として、社会の発展をめざし、社会諸集団と協力関係に立ちながら、社会を指導していくところに特徴があるとした。これには日本を研究する欧米人が抱く、日本「国家」のあり方への違和感が表われている。

しかし、日本の国家が深く社会に浸透しているということは、逆にいえば、日本の国家は末端の部分から、深く社会の側からの浸透を許していることを意味する。行政が日本政府の中心であると認識し、そこへ影響を与えようとする社会諸集団は多く、彼らは選挙によって選ばれた政治家やそのための組織である政党を必ずしも経由せずに、行政に直接働きかけるルートを持っていることがある。日本の行政における「審議会」の多さと役割の強さは、こうした国家と社会の相互浸透の一端を示すものなのである。

7　所轄による利益媒介システム

社会的な利益の代弁者

このように考えると、官僚内閣制では、官僚が独自の「支配集団」を形成しているわけではないことがわかる。一見して特権的な地位を楽しんでいるようにみえる官僚は、都道府県や市町村など地方政府を使って行政を実施すると同時に、その意向に左右されている。また多くの関連団体を持っている各省庁官僚制は、そうした団体の利益を代表する役割も担わざるを得ない。また所轄の業界団体などは、自らの利益の代弁を、関係する省庁の官僚に期待し、不断の努力を続けている。その意味で、日本の官僚制は、社会的な利益の代弁者という側面も持っている。

先に、省庁内部の意思決定システムを検討したときに、政策形成が所轄課からはじまるように説明したが、本当の出発点は、それぞれが所轄している業界などの諸団体である。そして、下からの積み上げで政策を決めることは、政策実施の点でも有利であると述べたが、それは政策実施を行う地方政府や、関連団体の意向をふまえて、政策を立案するということを意味していたのである。日本の省庁官僚制が、社会に根ざした構造を持っているということは、官僚制の独自性を損なうようにみえるが、それ以上に、官僚制が社会的な基盤を持つことが、その活動を支えている側面がある。

最近は聞かれなくなったが、「国士的官僚」が大手を振っていた頃には、「政治家は選挙区の利害しか代表していないが、われわれは、関連領域では日本全体の代表だ」といい放った官僚がいたと伝えられる。これは彼らの素直な気持ちであり、政治家とは違う民意の代弁者であるという自負の表れであった。

本章の冒頭で紹介した「仕切られた多元主義」というのは、各省庁を結節点として、国民代表たる議会に対抗して、民意を代弁あるいは利益を媒介する仕組みを示したものだと再解釈することもできよう。官僚内閣制は、ただ単に戦前の遺物だというだけではなく、民主化のなかで国民代表ならぬ「省庁代表制」の頂点として機能している側面があったのである。

第3章　政府・与党二元体制

これまで日本国憲法制定など占領期の民主化改革が、予定したようなかたちで定着しなかったことを述べ、官僚内閣制が省庁代表制を通じて独自の社会的基盤を持ったことを論じてきた。だが、民主化の成果は別のところに現れた。民主化において重要な役割を果たすべき民選議員は、憲法が予定したようには行政権を握ることはなかったが、別のかたちで行政権を統制する方法を見つけたからである。それが「与党」による独自機能の発揮であり、具体的には自民党本部機能の拡大と族議員の隆盛である。

1 「与党」とは何か

政権党との差異

日本政治にかかわる関係者は、何の疑問もなく「与党」という言葉を使っている。総理大臣を出している自民党が与党だといえば、問題がない時期も長かった。最近のように連立内閣が続くと「連立与党」という言葉もよく使われる。つまり与党は、政権を担っている政党だということになる。しかしこの言葉には、ある問題点がある。

議院内閣制の政党について、日本における「与野党」を諸外国はどう表現するのであろうか。たとえばイギリスでは、ガバメント・アンド・オポジション（government and opposition）、字義通り訳せば、政府と反対者あるいは「政権党」と「反対党」になる。総選挙で政権をめざして、勝った政党は政権を獲得したのだから、それを政権党と呼ぶというのはわかりやすい。

フランスなどヨーロッパ大陸の国では、議会における多数派、少数派という呼び方で政党が分類されることが多い。アメリカでは、政党は議会における多数派と少数派という分け方がされるが、上下両院で多数が違うことも多いので、通常は共和党、民主党というように固有名詞が使われる。アメリカのように大統領と議会がそれぞれ選ばれ独立する二元代表制のもとでは、議会の多数派が政権を担うわけでもなく、大統領が必ずしも政党の代表者ではないことを反映している。

日本の場合、一般的には、与党は政権党と同意語のように思われる。ところが、「政府・与党連絡会議」なるものがある。これは文字通り明確に政府側と与党側が連絡のために行う会合であり、両者が区別されることを前提にしている。政権とは政府のことであるから、それを分離して、ときどき連絡しなければならないというのは本来、不自然である。

日本の報道では、アメリカについて「ブッシュ政権の与党・共和党」といった表現がなされる。だが、アメリカにおける報道で、それに対応する表現を見つけることは難しい。また日本国内でも、二元代表制を採る自治体で、与党という言葉が使われる。現代日本の地方首長は、たいてい無所属なので、首長を支持する政党あるいは会派という意味だと思われる。こうした事例から、「与党」は「政権党」とは、微妙にニュアンスの異なる言葉だということがわかる。

「与党」の「与」は「与る《あずか》」という意味を持つ。もともと与党は「誰々の味方、仲間」といった意味の言葉なのである。戦後日本国憲法の導入とともに、政権党に近い意味を付与されたが、もともと「政権に与る党」といった意味の言葉である。したがって「与党」は、政権そのものではないものの、深い関係を持つ政党だといった意味になる。

実際の政治過程をみると、この政府と与党は、明確に区別されている。かつて自民党単独政権だったときには、両者をつなぐのは自民党総裁としての首相だけであるともいわれた。しかしその首相も、たとえば総選挙時の党首討論会には、自民党だけが幹事長を党首（総裁）である首相の代わりに出席させるなど、選挙は政党の仕事であり、首相は政府に入っているので、代わりに幹事長が選挙を取り仕切るという区別があった。また、政府つまり内閣と、与党である自民党が政策問題について違う見解を公表して、混乱することもある。両者の意見の食い違いが原因で、政策調整が進まないといった状況は、しばしば起こる。

議院内閣制における政府・政権党一体の原則からみれば、日本における実態は、それとは大きく異なる。むしろ「政府・与党二元体制」とでも呼ぶべき仕組みが成立しているとみたほうがよい。

もっとも、政府と政権党との間に隙間《すきま》ができることは、議院内閣制を採る諸外国でも起こり得る。たとえば連立政権における政府と与党は、連立を構成する政党数が多いときなどは、矛盾をはらんだ微妙な関係になることもある。

しかし、日本の特色は、政権を担うはずの政党が、自ら「与党」と名乗って、政府とは違う立場に立つことを堂々と表明するところにある。もちろん政府と対立するというのは例外的な事態であり、政府と「協力関係」にあることを誇示するのが普通である。だが、それでも両者をことさらに区別するところに、大きな特徴があるといえよう。

2　与党の政策審議機構

党本部が持つ政策審議機能

こうした与党の特徴の一つが立派な党本部である。とりわけ自民党の国会議員にとっては、党本部における各種の会合が、その活動の中心になっていることが多い。国会審議は、形式的なものが多く、とりわけ与党議員にとって魅力的ではない。それに対して、国会議事堂近くにある自民党本部で開かれる各種の会合は、政策の実質的内容について口を挟むことができるとともに、省庁あるいは族議員間の利害調整など、さまざまな政治活動の舞台になっている。日本の政党の特徴は、このように多くの活動が党本部で行われていることでもある。とりわけ与党経験の長い自民党においては、党本部での活動が、実質的な立法活動であるといってもよい。

諸外国にも、政党によっては立派な党本部の建物を持つところがあるが、これほど党本部の、とりわけ日常的な政策審議機能が重要な意味を持つ国は稀である。議院内閣制では、政権党は政府機構を使って政策を実施し、また政策立案の手足として官僚制を利用できる。選挙における公約づくりなどを除けば、政党本部における政策審議の必要性は少ないはずである。逆に反対党の議員が国会審議に参加するのは当然としても、その活動の中心が次の選挙を見据えた選挙区における活動になるのも当然である。その意味で政党本部に国会議員が常に集まる日本の姿は異例である。

これまで述べてきたように、現代日本では、「官僚内閣制」のために、首相支持の議員による政府への統制が十分でない。それを補うために、彼らは「与党」という自らの政府を内閣の代替物として持ち、それを通じて官僚制を統制しようとするのである。

政務調査会と総務会

自民党で与党政策活動の中心になっているのが、政務調査会（政調）である。政調は総会である政調審議会（政審）と部会、調査会からなる。そのうち部会は、農林部会、外交部会など主として省庁別に構成され、関連省庁の政策を扱う。こうした部会は、若手から中堅にいたる部会長を中心に運営され、部会所属は決まっているものの、課題に応じて自民党所属の国会議員が自由に出入りする。それに対して調査会は、特別の課題に応じて設置されるが、族議員の有力者などは特定の調査会を基盤に活動することも多く、分野によっては調査会のほうが重要な意味を持つ場合もある。ただ、手続き上は、部会が正式の機関であるから、部会の議を経ることは不可欠の手順である。そして政調の総会に当たるのが政審であり、政調の意思決定はここで行われる。また調査会の一種であるが、自民党税制調査会（党税調）は別格とされ、歳出にかかわる予算が各部会を中心に議論されるのに対して、税制は一括して党税調で処理され、ほとんどの場合、党税調の結論が政府の結論となる。

このほか関連する機関として、自民党の最高意思決定機関である党大会や両院議員総会に代わって、日常的な最高意思決定機関となる総務会がある。総務会は政策問題に特化しているわけではなく、党務全般にわたって審議する機関である。その構成員である総務は地域や、出身派閥などのバランスをとって選ばれており、ほかの役職にたまたま就いていない有力議員が総務に就任することも多く、ある意味では自民党の縮図である。そして自民党国会議員を拘束するためには、総務会決定が必要なことから、自民党の意思決定に関する最後の関門として機能している。

自民党内の法案審査の手順

こうした自民党の政策審議機関は、どのような活動をしているのであろうか。国会に提出する法案を自民党が了承する手続きをみてみよう。

前章で述べたように所轄省庁の官僚が、法律改正などの作業が必要だと考えると、省内の意思を固め、関係の他省庁との調整を行う。このとき、有力な族議員には、検討の概要が官僚から伝えられる。

法案の骨子や要綱といったレベルの原案ができあがってくると、政調の部会などが開かれて、一般的な説明がなされる。政調の部会は、政府提出が予定される法案すべてを審議する。こうした省庁が起案する法案の場合、説明を行うのは関係省庁の担当者である。中央省庁の官僚が与党に出かけて行き、法案の説明をし、場合によっては説得をする。日本の「議院内閣制」のもとでは、これは普通のことと理解されている。だが、イギリスなどでは、官僚が大臣など上司に当たる政治家以外の国会議員と直接接触することが禁じられている。「与党」で官僚が政策の説明するのは、どこの国にもみられることではない。

政調部会の議論で、与党議員はいろいろな疑問点をぶつけ、内容に注文をつける。そうした過程を経て、少し法案の中身が修正されることもあれば、有力議員の了解を得て、そうした意見が出たことで、「ガス抜き」がすんだとして、次の段階に進むときもある。

政調部会でもそうだが、自民党の意思決定は通常は全会一致方式を採る。しかし異論が強いときには、「一任」という方式による。それは多数決によって、反対賛成が明確化することを避け、事後の調整を可能にする自民党の智恵である。つまり、その会の主宰者（部会であれば部会長）に対して決定を「一任」することにより、部会長が結論を得ることにして、少し曖昧なかたちで方針が決定されるのである。たいていの場合、提案された案件は、そのまま決定される。もちろん一任はいつでもとれるものではなく、激しい反対があれば、一任はできない。修正については部会長に任されるが、一任という形式自体は全会一致制だからである。

どうしても反対の議員は、それを考慮して、一任の前に退席することもある。少数者になった反対者は、こうして議事進行の邪魔をせず、また自らのメンツを保つことができる。もちろん一任を取り付けた側は、反対意見があったことを記憶し、反対であったにもかかわらず、それが了承されることを黙認した議員に対する配慮を忘れないことが大切である。別の機会に、こうして協力してくれた議員の立場をよくする機会をつくらなければならない。そうした貸し借り関係を、長期的、また多角的に調整することで、議員同士の利害が調整され、安定した人間関係のネットワークが形成されるのである。

このように、自民党で、議員の自律性が非常に高いにもかかわらず、全体としての結論が得られるのは、一任という意思決定の仕組みと、長期多角決済という利害調整の仕組みが結びついていることにある。

法案原案が政調部会を通過すると、その案件は全体会である政審にかけられる。部会が出入り自由であるとはいっても、多くの案件が並行して議論されるので、すべての部会に議員が出席できるわけではない。国会会期中の午前早くは、朝食会も含めて多数の部会が開催されている。部会の時間を微妙にずらして掛け持ちすることも多いが、議員が出席できる部会の数は限られる。そのため政審で、法案に関心のある議員があらためて参加できるようになっている。そしてそこでの議論を経て、法案が政務調査会を通過する。

ここで興味深いのは、自民党の議論はいつでも賛否を覆すことが可能なことである。たとえば部会段階で法案に賛成した議員が、次の政審で理由をつけてそれに反対することも許される。また参加者の範囲も明確でなく、手順もやや曖昧な、きわめて緩い手順に沿って審議が進むのである。このように自民党の決定は、党内に合意を形成することを優先する柔軟な仕組みなのである。

党議拘束

政調を通過した法案は、総務会へ回される。総務会には、先に述べたように「うるさ型」の総務も多いので、思わぬ反対表明がなされることもあるし、また関係者が気づかなかった法案の外部効果や、過去の経緯が指摘されることもある。ともあれ、そうした指摘や反対に対処して、場合によっては内容を修正することで総務会の決定がなされる。総務会には、総務会長のほか、幹事長や政調会長も出席するのが通常であり、そこでの決定は自民党の意思決定とされる。

それを根拠に、自民党では総務会決定を経た法案には、所属議員に対して、衆議院議員・参議院議員を問わず「党議拘束」がかけられる。国会審議に対して持つ党議拘束の意味については次章で述べるが、重要なのは、この党議拘束によって、所属国会議員が自動的に政府提出法案に賛成するから、法案の成立がある程度保証されることである。

逆に、総務会決定がなければ、国会提出後に不安定な要素を抱えるので、法案は閣議決定されない。実際そういった慣行が長らく続いた。こうした党議拘束を媒介として、官僚内閣と与党との意思は調整され、国会に対しては、最終的に一致した行動をとることが可能になっているのである。

最近このような自民党における法案の事前審議の実態が明らかになるとともに、小泉首相と与党自民党の議員が対立する場面が出てきて、与党による法案の事前審査に対する批判が高まってきた。そして一九六二年の赤城《あかぎ》宗徳《むねのり》総務会長の政府への説明の申し入れなどの事実も発掘されて、法案の事前審議制の発達の歴史も明らかになりつつある。戦前から、政府にとって「与党」が存在したときには、事前の説明が行われていたということも指摘されている。ただし、決定的に重要なのは、与党の事前審査を経ない法案は、閣議決定を行わないという慣例の成立である。

ただ事前審査そのものの是非だけ論じていても事柄は解決しない。むしろ、それを必要とする日本の議院内閣制のあり方に着目し、官僚内閣制に依存することで議院内閣制的効果をもたらす、日本の「与党」のあり方が問題にされるべきであろう。

3　合議（相議）の相手方としての国会議員

官僚と国会議員の接触

これまで紹介してきた政調部会にはじまる与党政策審議機関の発達とは、よりミクロな観点に立てば、官僚が合議《あいぎ》の対象とする相手方が、国会議員にまで広がり、最重要の相手方に成長したということである。そのため官僚の実感として、自民党本部で朝早くから国会議員を相手に政策の説明をするのが、「晴れ姿」ということになってくる。当事者の主観からすれば、国民の代表者である国会議員に政策を認めてもらい、立法にこぎ着けるのが、政策立案を仕事とする官僚にとってのもっとも重要な場面になるからである。

さて、その場合、政治家とりわけ自民党の政治家はどんな態度をとるのか。有力政治家と自他ともに認める政治家になれば、忙しいうえ、政調部会に出かけていって説明を聞くこともあまりなく、事前に十分な説明と調整を経ているので、まして発言することは少ない。例外的に、もめそうな案件で、有力議員が出席して、反対派を牽制したり、時には積極的に役所の言い分を擁護する、あるいは逆に役所の手抜かりを叱責《しっせき》するといった行動をとることもある。

また、有力議員でなくても、族議員として認められる程度の議員になれば、政調部会などに出席するが、通常は補足的な質問や意見にとどめて、むしろ黙っていることで事態を把握していることを見せつけるのが普通である。

実際、政調部会における主役は、当選回数が少なく、これから伸びようとする議員たちになる。では、そうした議員が政策面で認められるためには、どうすればいいか。やや戯画化すれば二つのルートがある。

一つは優等生コースである。官僚出身であるかどうかを問わず、よく勉強して認められようとする方法である。省庁側が政調部会などで説明するとき、事前にその問題をよく勉強しておき、具体的な質問をする。こうしたことが重なると「何々議員は、まじめでよく勉強する議員だ」という評判が立ち、その分野の省庁としては、将来を考えて「育てていこう」ということになってくる。官僚にそのように認識されれば、その議員には、事前に官僚が説明に行くようになる。場合によっては、官僚が勉強会をつくって、知識をつけたり、人脈づくりに協力して、その議員を族議員として「育て」ていく。もちろん省庁の準備した資料で勉強するので、その議員がまじめであればあるほど、省庁と価値観を共有し、その省庁のものの見方になじんでくる。まさに省庁の応援団としての族議員が成長していく。

一方で、強面《こわもて》コースというのもある。これは、族議員になりたい分野の部会などに出かけていき、とにかく大きな声を上げて反対するのである。先に述べたように自民党の部会は、全会一致的なムードのなかで一任が取り付けられる場であるから、強硬な反対論があると、収拾するのが難しい。もちろんやみくもに反対しても軽くあしらわれるが、痛いところを掠《かす》っていれば、放置もできない。部会長などはとりあえず決定を先延ばしにして、様子をみる。その間に省庁の側から、その議員のところへ「御説明」に行って、説得に努める。たいていの場合、そういう議員は、他の人がいなければ、意外なほど友好的である。そして、きちんとした人間関係ができるのであれば、むやみに反対しない、などというのである。失敗を嫌う官僚の習性からすれば、事前の説明対象として、そうした議員を加えるというのも、自然なことである。その議員と省庁との関係も深くなり、さまざまな貸し借り関係が蓄積して、その議員も族議員の仲間入りをする。ある程度認められるようになると、省庁がその議員を大切にしている限り、以前のような無茶をいわなくなり、これも官僚の考えの支持者になっていく。

国対政治と官僚

このように、官僚が政治家に気を遣わなければならないのは、日本国憲法が議院内閣制を採用するとともに、国会を「唯一の立法機関」としていることによる。官僚内閣制内部で、官僚が組織的な優位を占めていても、法律を通すには国会議員に頼らざるを得ない。省庁代表制のもとで、それぞれの省庁が縄張りを守ろうとすれば、省庁間関係では突破できない権威として、制定法に権限を書き込む必要もあり、各省庁が、自らに有利な立法を求めて政治家の支持を競うことも起こる。

また事態を複雑にしているのは、三権分立の強調である。先にこれが与党による内閣あるいは行政への統制を難しくする面を指摘したが、逆に与党がこれを主張することで、内閣、行政府が国会内部に手を突っ込むことが難しくなる。議院内閣制を採る多くの国では、政権党において立法・行政が融合することで、議会運営に政府が積極的な役割を果たすことが珍しくない。ところが日本では、政府が国会において果たす役割は見かけ上は大きそうにみえるが、実際の国会運営においては受け身の側面が強い。

実際、国会運営は、政府とは区別された意味での与党が、野党と交渉する場となる。交渉は非公式の要素が強く、議院運営委員会などの正式の機関よりも、各党の国会対策委員会（国対）を通じての相互交渉が中心になる。この「国対政治」は、かつては接待や贈答などがつきもので、金銭によって妥協を勝ち取るという負の側面があり、強い批判にさらされた。しかし後に述べるような日本の国会の妥協的性格（「粘着性」ともいう）のため、国対政治はなくなることはなかった。

国対政治は一見すると、野党にとって有利な制度で、与党のメリットはないようにみえる。たしかに、議院内閣制を採る国の議会としては異例なほど、日本の国会は野党に配慮してきた。しかしこれは与党議員にとっても大きな利点のある仕組みなのである。

国対政治は「足して二で割る」「理屈・政策抜きの妥協だ」といわれ、たとえば野党はつぶしたい法案の足を引っ張るために「江戸の敵《かたき》を長崎でとる」と称して、他の法案を「人質」に取ったり、野党が「寝た」（審議拒否をした）ために、審議時間が足りなくなり、多くの法案が廃案になるといったことが生じる。これはまったく理屈に合わないことのようにみえる。

しかし官僚と政治家との関係に着目すれば、国対政治が理屈に合わなければ合わないほど、官僚は自分たちの準備した法案が犠牲にされないよう、野党議員にもいくらか気を遣うとともに、法案を推進してくれる与党議員には念入りに対応しなくてはならない。国対政治は、とりわけ与党議員にとっては、自らの族議員としての権勢を官僚に対して維持するために、不可欠の道具立てになる。つまり国会審議の行方が不透明なことは、与党政治家の官僚に対する権力のレバレッジ（梃子《てこ》）として機能するのである。

官僚と政治家の融合

このように国会審議を梃子として、官僚と族議員の世界は展開するが、実際の接触の場はさまざまである。普通は接触したい官僚側が、議員会館などにある政治家の事務所に出向いて「御説明」を行う。有力議員や、そうでなくても官僚の説明の好きな国会議員の事務所には、説明をしようとする官僚が列をなす。待っている官僚が多いことを、権力の証左としている政治家も多い。

もちろん官僚は、自分の都合、たとえば提出する法案への支持を政治家に求めるのであるが、その関係は一方通行ではない。政治家側も、選挙区の要望や、関連利益団体の要望を伝える経路として官僚との接触の機会を積極的に利用する。

こうした状況を促しているのは、各省庁において、具体的な問題を所轄している課長や課長補佐などの官僚が、法案立案の担当者だという点である。ある法案を準備し、それを政治家に説明するのが、日頃から業界を監督し、あるいは政策実施の責任を負っている官僚であるとき、先に述べた利害のやりとりは直接的になる。法案を説明に来た官僚に、政治家がついでのように「その件はわかった。ところでこういう問題があるのだが」というだけで、政治家の官僚に対する具体的問題での交渉がはじまるのである。日本の制度では、官僚と政治家の融合関係は深く、政治家が行政に介入することも容易なのである。

4 族議員の隆盛

族議員のさまざまな定義

これまで族議員という言葉を使ってきた。多くの政治用語と同じく、この言葉も強い含意を持っている。族議員と呼ばれて喜ぶ政治家がいないわけではないが、一般には否定的な意味で使われることが多い。

族議員という言葉が、特定の政策分野に詳しい議員を指すだけならば、いうまでもなく否定的な意味は持ちにくい。族議員が否定的な意味を持つのは、特定の政策より、特定の業界あるいは官庁の利益を一方的に代弁するという含意を持っているからである。

しかし、一九八〇年代に自民党政治が肯定的にとらえられていたときには、族議員を日本型多元主義の一つのアクターとして、積極的に評価する研究がいくつか現れた。そのなかで族議員の定義がいろいろと試みられている。猪口孝と岩井奉信《ともあき》は、関係者からの聞き取りによって、族議員を特定し、郵政族や道路族といった「族」の領域をいくつか挙げ、その行動様式を類型化しようとした。それによれば、政策決定において、少数の議員が特定の政策領域に、常に関与しているような「番犬型」の族議員と、多くの議員が関心を持つテーマで、一挙に多数の議員が主張をはじめる「猟犬型」の族議員があるとされた。この二つだけが、族議員の行動様式ではないが、さまざまな種類の族議員が存在することが明らかになった。

自民党における人事パターンの制度化に着目した佐藤誠三郎と松崎哲久《てつひさ》は、族議員を操作的に定義しようとして、その役職経験をもとに定義を行った。それによると、族議員とは「省庁を基本単位として仕切られた政策分野について、日常的に強い影響力を行使している議員のうち、大臣経験が一期か初入閣前の者」と定義され、経験した役職をポイント化し、族議員リストを作成した。

日本型「鉄の三角同盟」

そうした定義に意味がないわけではない。だが、族議員であるかないかは、関係する省庁の官僚が決めるといってもよい。先に述べたような日常的な「御説明」によって、当該政策領域に何が起こっているのかを常に把握しているのが、族議員であり、主観的に特定の政策領域に思い入れが強くても、そうした政策コミュニティのメンバーではない議員は族議員ではないからである。

その意味で族議員が族議員であるゆえんは、業界団体などの利益集団、関連の官庁につながって、日本型の「鉄の三角同盟」をつくり上げているからである。それゆえに「族」の用語が用いられるのである。何々族と呼ばれる国会議員は、互いに仲間であると同時に、業界や官庁に共通の仲間を持っているのである。

こうした族議員の活動は、石油危機後も赤字国債で膨張した財政や、民主政の定着にともなって、緩やかに威信を低下させつつあった官僚との対比において強い印象を与えた。農水官僚であった佐竹五六《ごろく》が整理しているように、戦後前期の官僚内閣制全盛期は遠い昔のこととなり、官僚の間から自ら国政の経綸《けいりん》を語り、理想を実現することを自慢する「国士型官僚」が次第に姿を消し、官僚機構のみならず、政治家の間を飛び回って、合意調達を図る「調整型官僚」の姿が目に付くようになった。それは全般的に政治家優位の時代と考えられ、政治家あるいは政党の力が強く、官僚が弱いという意味の「政高官低」という言葉が、関係者の間で広まるようになる。

こうした現象をとらえて「政治主導」という言葉も使われたが、必ずしも機能としての政治が十全に行われていることを意味するのではない。事柄は複雑で、政治家が優位か、官僚が優位かといった把握方法では、実態は解明できない。

5　派閥と政治家人事の制度化

派閥の制度化

ここで注目されるのは、「政高官低」の時代に、自民党において派閥と人事システムが大幅に制度化されたことである。派閥は自民党結党以来、自民党政治とは切っても切れない関係にあったが、一九八〇年代以降に、一定の変化を遂げた。従来の派閥は、首相をめざす政治家が個人の努力でつくり上げ、維持するのが普通であったが、それ以降、派閥の所属が固定化した。つまり、派閥の領袖《りょうしゅう》が代替わりしても、大半の所属議員がそのまま派閥に残るのが普通になったのである。また、派閥における役割分担も定型化され、たとえば「事務総長」などという職名が正式のものとして認識され、新聞などでもその就任が報道されるなどの例が増えた。

こうした派閥の制度化は、「総主流派体制」の成立とともに深まった。一九八〇年総選挙での大平正芳《まさよし》首相急死は、不利が予想された自民党に大勝をもたらしたが、人事の空白を埋めるかたちで、大平派の重鎮である鈴木善幸《ぜんこう》が、派閥の領袖でもなく、過去に総裁選挙に出た経験もないまま自民党総裁となり、首相となった。その際、挙党一致ということで、主流派と反主流派といった区別をせず、すべての派閥が規模に応じて閣僚を出す総主流派体制を採った。激しい派閥争いが、ついに現職首相の死につながったという反省からであったが、このことが派閥をめぐる激しい対立を弱めるとともに、派閥の制度化を進めた。

総主流派体制の成立とともに、かつて存在した派閥間の個性も薄らいでいき、最大派閥の田中派＝竹下派が、「総合病院」としてあらゆる族議員を網羅し、議員の相互扶助機能が高いことを誇ったのにならい、多かれ少なかれほかの派閥も総合病院化していった。こうした状況のもとでは、族議員に分かれ、政策的にも割拠性が強まりつつあった自民党は、派閥の制度化によって、統一が保たれるようになった。つまり族議員の間に利害対立があっても、派閥という単位でのつながりにより、最後は派閥間調整と派閥内の団結によって、自民党全体がまとまるのである。

人事経路の確立

一方で自民党内の人事経路も固まってくる。草創期には、官僚出身者が選挙を経ずして入閣したり、当選回数が少なくても、官僚経験などをもとに、閣僚に抜擢される例は少なくなかった。しかし政権を維持する期間が長くなると、党内に当選回数とともに、大臣になることへの期待が高まってくる。派閥対立が、主流・反主流の違いを生み出していた間は、総裁選での勝ち負けなどで、入閣期待が満たされないことも多かったが、総主流派体制が成立すると、規模に応じて一定数の閣僚枠が各派閥に配分されるようになる。各派閥における入閣期待は強くなり、それを処理するための客観基準が必要になってくる。そこで当選回数がある程度以上の議員は、だいたいにおいて入閣できるという不文律が生まれることになる。

一九八〇年代の最盛期に、自民党において選挙に当選すると、「一年生議員」として、しばらく下積みの生活を送る。かつての経験は別として、全員が国会対策委員会に属し、国会の委員会に欠席者が出そうだとなると、その議員に代わって臨時に委員となり、国会の委員会に出席して、定足数を満たすといった仕事を黙々とこなすことになる。もっとも、こうした下積みの生活には意味があり、委員会に出ることにより、知り合いが増え、さまざまなルールや慣習を肌で覚えることになる。また、自民党政調の部会での発言で自己をアピールする。

当選二回になると、人によっては政務次官として、官庁の内部に入り、たぶんに儀礼的な仕事が多いとはいえ、それなりの処遇を得ることになる。当選三回にもなれば、人によっては政調の部会長になるなど、実質的な仕事をこなすことになる。当選三回までが若手と呼ばれるが、当選四回にもなれば、中堅として活動が充実し、族議員として熱心に活動していれば、その族の中核メンバーになることもある。この頃には国会の委員長など、正式の機関の長になる機会が増えてくる。

入閣の可能性は、早い例では当選五回、だいたい当選六回にもなると開けてくる。遅くともたいていの場合は、当選七回までに入閣を経験することになる。

そして有力者としての道を歩んだ場合には、もう一度入閣することで力を持った議員となるし、そうでない場合には引退することもあれば、族議員として押し通したり、独自の領域で存在感を示す議員となる。

このように当選回数による人事経路が確立することで、全体として自民党には一定の活力が保障される。あとで述べるように、自民党は党として選挙活動をする比率はきわめて低く、選挙活動は派閥や、個人単位のものが中心である。しかし自民党が政権の座にとどまるためには、常に選挙に勝たなければならない。それには選挙を戦うすべての候補者に強烈な当選への欲求をつくり出すのが有効である。選挙に勝ち続け、当選回数を重ねれば、誰もがなりたい大臣になれるというのは、候補者に対する強力なインセンティブ付与となる。

実際、官僚内閣制的運営のもとでは、誰が大臣になっても、それなりに務まるように官僚が振り付けをするので、その点でも好都合である。そのうえポストを広い範囲に配分するためには、特定の政治家が長い期間にわたって大臣を務めるのは好ましくない。そこで毎年のように内閣改造が行われ、一年程度の在任期間で大臣が交代する。もともとの素質もあるが、在任期間一年では、とてもまとまった仕事をすることは難しい。そこで、政策に関しては与党政策審議機関における活動が、ますます重要になるのである。

このように官僚内閣制と与党は相互依存を深めながら、それぞれ発達を遂げていったのである。こうした状況は、一九九三年の細川護熙《もりひろ》政権によって自民党が下野したことにより崩壊がはじまり、小泉純一郎政権のもとで、大きく破壊されたが、基本的な構造は、長らく日本政治を規定していたのである。

6　政治家と官僚の役割の交錯

「行政的政治家」の時代

与党が独自の役割を果たすことは、「政高官低」と呼ばれるように政治家優位の政治を現出したかにみえるが、政治家がここで果たす役割は、全体としてみれば、官庁の仕切りに沿ったものである。

それどころか、この仕組みにおいて、たしかに政治家の威信は高く、対人接触の場面で「政治家が官僚に対して偉そうにする」ことが日常化していたとしても、官僚も組織を軸として、有効な政治的調整活動を不可欠の活動として遂行しており、両者の役割は交錯する。

その意味で政府・与党二元体制は、公式組織の外に官僚を連れ出して活躍させるという意味で、「政治的官僚」を生み出す構造を持っている。国家の行く末を案じ、大計を立てるという意味での国士型官僚にしろ、政治家の間を回って合意を調達する調整型官僚にしろ、政治的役割を担うことが官僚活動の中核を占めるのである。

政治家の力が増大しても、政策問題では、政治家同士が調整を行うよりも、政治家の手足として官僚が使われる場面は多い。政治家がほかの政治家に頭を下げる場面を限定したほうが政治家にとって都合がいいし、官僚のほうが知識があるので、説明も行き届いたものになりやすい。官僚側でも、自分で調整することにより、少しでも自分たちの意向が通ることを期待する向きもある。

もともと各省庁が、組織的に政治家を「育て」「使う」ことによって形成された族議員も性格が変わってくる。頻繁な人事異動によって、細切れの関与を余儀なくされる官僚に対して、継続して族議員として活動した政治家のほうが、政策知識において官僚を凌《しの》ぐ例も増えてくる。役所の言いなりではない族議員の行動も出てくる。そうなっても、官僚の側では、すでに族議員抜きに物事を進めることはできなくなり、不満を持ちながらも政治家との調整に走り回るか、政治家の調整を前提に、政策をつくるのが仕事になっている。

与党人事の制度化などによって、時代が下るにつれ、民意集約のために大胆に活動する政治家は減ってくる。政治家は、当選回数を重ねてポストが回ってくるのを待つうち、組織化され、制度化された世界に生きる「行政的政治家」になる側面がある。また官僚の上位ではなく、中位あるいは下位との日常的接触により、支持者からの要望を陳情というかたちで伝達する政治家の活動の比重が大きくなることは、そうした政治家の関心を行政運営や政策実施に集中させ、大規模な制度の改変や、政策間調整といった、大がかりな政治への関心を失わせる。こうして、政府・与党二元体制は、「政治的官僚」と「行政的政治家」という倒錯した役割分担を生み出すとともに、とりわけ政治家に全体的利益への関心を薄くさせた。

与党組織は、あくまで非公式な組織であって、法的主体ではない。そこにおける活動は非公開性が強く、責任の所在は明確ではない。このように法的責任が内閣にありながら、与党機関に実質的な決定権がある場合、与党側は都合のいい政策をつまみ食いすることが可能になる。その意味で与党側が強くなればなるほど、責任と権力の所在には隙間が広がり、与党政治家の気ままな活動領域が広がるのである。

第4章　政権交代なき政党政治

前章で、自民党長期政権が「与党」機関を発達させ、独自の政策処理システムを備えてきたことを論じた。

この章では、なぜ自民党は、それほど長く政権を維持することができたのか。またそれが日本の政治においてどんな意味を持ったのかを考えていく。

1 議院内閣制と政党政治

意見集約という役割

議院内閣制が機能するには、政党政治の確立が不可欠である。しかし、どうすれば政党政治が確立するのか。

世の中にはありとあらゆる意見や利害がある。その多様な意見を議会に反映し、どのようにまとめるかが問題となる。議会政治には「討論と説得」モデルの呪縛がある。議会に多様な意見があっても結論を出すためには、討論の結果、説得されて意見を変えることが必要になるからである。しかし、この討論と説得モデルが、現代の代議制においては通用しない側面がある。

普通の会議では討論と説得モデルは有効である。話し合いの結果、新しい結論が生み出されるのは、会議の創造的な面である。しかし代議制を前提にすると、議員は自らの意見に忠実であるだけでは務まらない。なぜなら議員は支持者からの委任によって選ばれたのであり、議員はその行動についてある程度まで縛られる。選挙のときは「公約」を掲げても、議会がはじまれば「説得されて意見を変える」のが通例となると、選挙の意味が限定されるからである。

このとき、議院内閣制か大統領制かによって、討論と説得の持つ意味も変わってくる。議院内閣制では議会内に政権基盤があり、通常多数を持つ政権党（政権党連合）は、政権側を擁護する議決を行う。したがって議員の行動は、政党の枠組みに縛られる度合いが強い。それに対して大統領制では、大統領の政権基盤は議会になく、議会における議員の行動の自由度は大きい。たとえば、議会における多数派の政党が大統領の政党と違うときには、大統領の拒否権行使を避けるため議員が妥協的な行動をとって、多数派であっても自らの立場を変えることが期待される場合もある。

議員の意見が、どの程度政党の枠組みに拘束されるかは制度によるが、意見集約の必要性は変わらない。一人一党でない限り、いかなる政党でも党内の意見調整は不可欠である。そして、比較的まとまりのよい中小の政党が多ければ、政党の間で意見が調整される度合いが高まり、大きな政党であれば、その政党のなかで意見が調整される度合いが高くなる。政党の役割は、そうした世の中の意見や利害を集約し、有権者に選択肢を示すことにある。

集約するといえば、最終的な結論は一つであり、世の中全体で「最善の案に一本化」すればよいと考えがちである。だがそれでは、その結論が最善の案かどうかわからなくなる。たとえば独裁国家の政策は「常に最善である」とも強弁される。しかし、自由な競争がなければ、ほかの案と比べてみることもできない。現代の民主政は、無理にでも複数の選択肢をつくるという競争的政党制の考え方を採っている。

望ましい政党制

ところで、そうした政党には別の側面もある。政治家など政治的地位を求める人々にとっては、政党は権力獲得のための手段である。その意味での政党は、派閥や徒党といわれる場合も含めて、民主政に限らず、多くの政治体制に存在する。政党のあるべき姿は、逆にいえばこの権力獲得の道具という観点に立つとよくみえてくる。

民主制のなかでも、議院内閣制と大統領制によって政党の意味は変わってくる。大統領制では、民意集約の意義はもちろんあるが、どちらかといえば権力獲得手段としての意味が大きい。なぜなら大統領と議会が分立しており、民意が二つの違ったかたちで表明されるためである。民意を政党単位で集約しても、両者の妥協によって政策のかたちが変わっていくから、二元代表制では、政策的な意味で政党の縛りを強くすることにあまり合理性がない。それに対して議院内閣制では、健全な政党政治が不可欠な要素となる。政権基盤が議会に置かれるので、議会の支持がある程度固定化しなければ政権が安定しないからである。

そこで、議院内閣制では、ある程度安定した議会内多数派が存在することが重要になる。しかも、有権者の選択を重視すれば、多数派が選挙によってつくり出されることが好ましい。選挙によって生まれた多数派が内閣を支えるならば、その内閣あるいは首相は有権者によって選ばれたという民主的正統性を備えるからである。その安定した多数派をつくり出すために、政党が必要なのである。

しかし、どのように政党が相互に関係しているかを示す政党制（政党システム）からみると、望ましい政党制は、議院内閣制を選択さえすれば実現するというものではない。歴史的にみれば、多くの国で議院内閣制に相応しい政党制は実現しなかったからである。

たとえばフランスでは、不安定な政党制と、それを反映した不安定な政権に悩まされる時期が長かったが、結局、議院内閣制以外の政治体制へと移行することにより安定した。大統領制と議院内閣制の折衷体制とも呼べる現在の第五共和制（一九五八〜）へと移行し、強力な大統領の指導により、政党が集約される方向をめざしたのである。

日本の議院内閣制の脆弱さ

このように議院内閣制においては、競争的政党制のもとで、選挙で政権が選択されることが不可欠である。それには、政党政治の確立が求められる。なぜなら、有権者の組織化、選挙活動、議会における議員行動の拘束、役職の配分といった機能を政党が一貫して担うことで、政治家の行動に規律を与え、有権者の選挙における選択が、選挙後の政治に強い影響を与えるからである。

議院内閣制でもっとも重要なのは、政権選択という意味での総選挙（政権基盤となる院の全面改選）と、政権基盤となる院（衆議院や下院）における首相指名選挙である。つまり、総選挙が政権選択選挙の色彩を帯び、総選挙における多数派が、そのまま首相選出の母体となり、内閣の基盤になるという姿が望ましい。

もっとも社会が分断され、各政党が固有の支持基盤を確保して、議席が変動しない場合や、比例代表制の選挙制度を採っている場合には、各政党は選挙で独自の政策を訴えることで議席を確保し、選挙後の連立交渉で政権を成立させることも多い。その場合、選挙での選択がそのまま政権選択につながらないため、民主化の度合いは低くなる。そこで政権選択は二大政党制固有の現象であると考えられがちだが、選挙前連合の成立によって、多党制でも政権選択選挙は十分に可能である。

こうした一般原理に照らしたとき、日本の議院内閣制の脆弱《ぜいじゃく》さは明らかになる。つまり、特定の政党が政権を独占するという一党優位制が長期にわたり、総選挙が政権選択選挙にならず、有権者の選択によって首相や内閣が成立することが非常に少なかったからである。政権の座をめぐる争いは自民党内の派閥抗争に限定され、有権者の多くは傍観者として、それを眺めるだけであり、いわば見世物をみて楽しむという状況に置かれていた。

このような状況では、首相や内閣が民意の支持を頼りに、明確な政権の方向性を打ち出すことは難しい。ある意味で「出たとこ勝負」で、有権者からの支持を確かめながら進むことになりかねない。また官僚の統制を考えても、民意に基づいて成立したという強い正統性を備えていないことは、大きな限界となってきた。

2　一党優位制

擬似政権交代

戦後の民主化改革によって、議院内閣制が導入され、思想・信条の自由や結社の自由など政治活動の自由が保障され、日本は自由民主体制としての基礎的条件を満たした。そのもとで公正な選挙も保障され、また競争的な政党制が成立した。しかし、民主政の定着が十分でない感覚が残るのは、現実に選挙による政権交代が稀だからである。理念としては「選挙で政権が選ばれる」はずだが、実際には同じ政党が勝ち続け、対抗する政党もない状況では、政権の選択は「絵に描いた餅《もち》」である。

この問題は、一見簡単なようで、実は大変難しい問題である。かつては「自民党独裁」「自民党による政権独占体制」といった、批判的な言葉がしばしば使われることもあったが、日本における民主諸制度の定着を考えると、こうした規定には大きな問題がある。

政治学では、価値中立的に自民党長期政権を政党制（政党システム）の観点から、「一党優位制」と規定することが多くなってきた。一党優位制は競争的選挙が行われている点で、一党独裁体制とは明確に違うものの、一党が長期にわたって政権を維持し続け、政権党が交代するという意味での政権交代が実現しない状況を指している。

自民党長期政権の存続にはいくつもの理由があった。たとえば「擬似政権交代」としての首相の交代である。議院内閣制では総選挙において多数党が交代することが、首相あるいは内閣の交代につながるのが通例である。しかし、自民党長期政権においては、首相は自民党の総裁選挙で交代することが多く、首相選任と総選挙との関係は稀薄であった。だが首相あるいは内閣が交代することは、見かけ上の政権交代イメージを与え、政策も方針転換のきっかけになるなど、実質的な意味も小さくなかった。

しかし、この自民党総裁選による政権交代に大多数の有権者は関与できない。そのため政権交代に際して有権者が観客となる傾向が生じる。総選挙がその後に予定されているのであれば、有権者の動向も考慮されるが、そうでなければ首相選びはまったく自民党内の事情で決まる。多くの有権者は、こうした擬似的政権交代劇にカタルシスを覚えるにとどまっていた。

野党への利益配分

また、自民党長期政権においては、与党が利益を独占しないことによって、バランスをとるメカニズムも存在した。たとえば国会で衆議院・参議院ともに長らく自民党が過半数を占めており、多数決によれば最終的には内閣提出法案（つまり自民党側の法案）を自由に可決できる状況にあった。にもかかわらず、「野党の抵抗」によって法案が成立しないこともあり、妥協が必要とされることも多かった。つまり、国会における抵抗を梃子として、選挙で敗北したはずの野党が政策に対する影響力を持ち得たのである。このように、議会で少数派である野党が抵抗し、たとえば法案が通りにくくなる現象を、先にも述べたように研究者は日本の国会の「粘着性」として表現してきた。

この粘着性を支えた要素の一つが三権分立の神話である。議院内閣制下で三権分立論を強調することは、行政府への政治家の統制を空洞化させる側面を持っていたが、他方で当然とされる国会運営における内閣の関与を限定することになった。そのため日本はイギリスなどのように内閣主導の国と比べればもちろん、ヨーロッパ大陸諸国に比べても、国会運営に関する政府の役割が小さいのである。

また、近年、急速に廃れたものの、かつて議事運営は、できる限り主要政党の意向を反映する、つまり少数野党の意向に反する国会運営は避けるという慣習があった。この慣習が強まると、たとえば議事を司《つかさど》る議院運営委員会の決定が全会一致になり、野党にも拒否権を与えるのと同じ効果を持つようになる。野党が拒否権をちらつかせて妥協を求めたり、安全保障関係法案のような案件を廃案に追い込むことも起こった。もちろん拒否権といっても絶対的なものではなく、廃案になった法案の多くは次の国会で成立するなど、「野党が与党の邪魔をする」程度の抵抗ではある。だがその法案の関係者にとっては大きな脅威であり、そこに野党の力が生まれる余地があった。

こうした与野党の駆け引きは、たとえば国家公務員給与に関する人事院勧告の扱いに、象徴的に現れた。日本では、国家公務員の労働権を制限する代わりに、人事院が中立的立場から給与水準を算定し、その実施を内閣に勧告することになっている。自民党長期政権下においては、インフレ基調でもあり、人事院勧告は給与引き上げを意味することが多かった。ところが政府はそうした勧告を初夏に受け取っても、すぐに実施しなかった。

それは公務員労働組合を支持基盤の一つとする社会党にとって、人事院勧告の実施が重要な関心事であることを、与党側が取引材料に使ったためである。通常は秋の臨時国会などで法案審議が行き詰まったときに、人事院勧告の実施の約束がなされ、年末に実施された。その際には春からの引き上げ分が、公務員にまとめて支払われるので、見かけ上の「野党の闘争成果」らしき色彩を帯びることもあった。人事院勧告は、地方自治体にも波及するので、地方公務員の世界にも影響を与えていた。

このように野党に対する細かな利益配分は、自民党長期政権下における与野党関係の重要な要素であったのである。そしてこうした利益配分は、野党の支持者をほどほどに満足させ、反政府感情の蓄積・爆発を未然に防ぐ意味を持っていた。野党が国会運営における妥協によって、具体的利益を引き出すことは、政権交代のエネルギーを蓄積させないことにつながったのである。

さらに、官僚内閣制的な日本の政府では、政府の業績がそのまま与党の業績にはつながりにくい。政府が失敗した場合でも、与党は素知らぬ顔をし、あるいは叱責する素振りをみせれば「水戸黄門」風に振る舞うこともできた。議会の多数派が政権の主体を担う議院内閣制の建前からすればおかしいが、政府と党を分離してしまえば、こうした行動も可能である。一方で政権の失敗と与党の責任が分断されれば、政権交代の危険も少なくなる。

官僚内閣制は党派性を超越した存在になると、政府の活動が、人智を超えた自然現象のように誤解されることもある。与党側の前議員が選挙で、「いまや日本は世界最大の借金国となった」と演説するとき、予算の決定を誰が行ったかを問う声がほとんどないのは、政府と与党の分断の「成果」である。

最大の要因――中選挙区制

このように、自民党長期政権は政権交代を求める圧力を緩和する装置をいくつか持っていたが、これを直接支えていたのは選挙の構造である。一つには過疎地に強い自民党を有利にしてきた「定数不均衡」問題があるが、最大の要因は衆議院における「中選挙区制」の存在であった。

各選挙区の当選者が一人になる選挙制度を小選挙区制、多数であれば大選挙区制と呼ぶ。大選挙区制は基本的にこの二つのいずれかであり、中選挙区制は大選挙区制の一種である。大選挙区制は、ある程度数の多い当選枠を設定して比例代表効果をねらう。日本であえて中選挙区制という呼称を使っているのは、定数（当選者枠）が三人か五人が基本であり（例外的に四人、六人）、たとえば全国一区の大選挙区制に比べて定数が少ないといった特徴を持つからである。

中選挙区制では、政党中心の選挙ができにくい。なぜなら、政権獲得をめざす政党が、一つの選挙区で複数の候補を当選させなければ議会での多数を獲得できないからである。たとえば五人区であれば、四～五人程度の候補者を立て三人以上の当選をめざすことになるが、同一政党の候補者同士の争いでは、政党あるいは政権の選択を訴えにくく、政策的な訴えも低調になる。

一般に立候補者は政権を担当する政党に集まりがちである。自民党の長期政権下では自民党だけが政権を視野に入れ、ほかの政党は議席を確保するだけでよいという状況が生じやすい。こうなると、有権者が選挙で政権を選択する余地は少ない。選挙ではどの党が政権を獲得するかではなく、どの候補者が当選するかが焦点になる。

もっとも中選挙区制は、自民党候補者にとって決して楽な選挙ではなかった。選挙のたびに当選者が入れ替わる選挙区も多かったからである。しかし激しい選挙戦も、誰が自民党議員になるかの争いであって、政権の構成は変わらない。自民党政権への支持が低迷しているときでも、かなりの「保守系無所属」候補が当選し、選挙後に自民党に入党して、自民党が衆議院で過半数を確保する現象がみられた。政治家個人にとっては激しい競争も、自民党が政権を維持する緩衝材であり、政権交代圧力をかわす要因となっていたのである。一方で、野党の政治家は、政権批判によって得られる支持をいくらか確保すれば議席を得ることができた。政権獲得をめざさなければ、それなりに居心地がいい状況だった。

有権者は基本的に自民党政権を是認しながら、その行き過ぎの抑制を野党に求めていた。自民党が「勝ち過ぎ」の状況では棄権や野党への投票を行い、逆の場合は棄権したり、自民党候補や保守系無所属候補へ投票したりするといった戦略的投票を行う有権者も少なくなく、候補者同士の競争は激しかったが、選挙結果の議席数は与野党間で驚くほど長期的に安定していた。

もちろん二院制を採る以上、問題となるのは衆議院だけではなく、参議院も重要であった。しかも参議院の選挙制度は衆議院とは違っていた。だが多くの地方区から選出される参議院議員候補は衆議院議員がつくった地盤で選挙するため、自前の選挙基盤は脆弱である。また全国区の参議院議員候補は全国に基盤がある諸団体のうえで戦っており、政党あるいは政権選択が問われることは少なかった。次第に参議院は独自性を高めていくが、もともと衆議院の統制下にある存在だったのである。

こうした選挙制度に支えられて自民党優位は確立し、長期にわたって政権を独占し、政権政党といえば自民党であるという認識が一般化する。野党候補に投票する有権者でさえ、アンケート調査で、「望ましい政権」に「自民党中心の政権」という回答を寄せる人が多くなる。自民党は「天下党」として不動の地位を占め、内閣を頂点とする公式の政府の裏に存在する「第二の政府」という位置付けが社会的にも是認されるようになる。これが自民党が「優越政党」であることの日本的な意味である。戦後日本の政党制の特徴である「五五年体制」は、このように自民党長期政権を前提に、安定した与野党の対立と共存が同居していたのである。

3　目的なき政権

長期政権と政策の不在

さて、自民党政権が当然視されるといくつかの問題が生じてくる。とりわけ大きな問題は、政権の目的が不明確になることである。わざわざ選ばれたわけではない以上、政権はそこに「ある」ものであり、何かを「する」ものではなくなる。それを具体的に表すのが、衆議院総選挙における選挙公約の曖昧さである。総選挙によって政権が選択されるとき、政権をめざす政党の公約は、政権の姿を具体的に有権者に示す重要な手段であり、選挙戦で大きな意味を持つはずである。

ところが自民党の選挙公約は、きわめて詳細な項目にわたるが、それぞれは抽象的な表現、不明瞭《ふめいりよう》なものが多かった。「光り輝く地方を築く」「きめ細かな対応を行う」「何々業の振興をはかる」といった「公約」の連続である。しかも多くの候補者は、自民党の選挙公約に関心がなく、ほとんど読んでもいなかった。

そもそも自民党の選挙公約は、少数の担当議員と党職員が、官僚から提供された資料をもとに、選挙前に大急ぎでつくり上げるものであった。そこで、その内容をめぐって党内論争が起こるといったことはまずなかった。そして多くの候補者は、選挙で「個人の選挙公約」なるものを掲げ、「何々道路の建設を促進します」「何々事業の補助金を獲得します」「海外からの無秩序な何々製品の流入に対策を講じます」といった個別問題の解決を訴える。また、「中央直結」という言葉を好んで使う。自民党議員の強みは中央省庁の官僚に「にらみがきく」ことであり、それを多くの有権者も認めていたからである。

選挙後、当選した議員は自らの「公約」実現のために「汗をかく」。役人を呼んで説明を聞き、圧力をかける。それだけで実現が難しければ、同じ立場の議員を集め気勢を上げる。自民党の部会で話題にするという行動が中心である。このように政治活動は個人化されており、政権全体の目標は消えていく。

当選を重ね大臣になる政治家であっても、就任に際し「図らずも」といい、短い時間で役所から受けた説明通りの抱負を述べることになる。結局、大臣は役人の意見を代弁するのが仕事となりかねない。しかし、こうした政治家を責めるのは酷《こく》である。就任に際して具体的な委任を受けずに、官僚機構に対抗するのは無理であり、意味もないからである。

こうしてみれば、自民党の候補者は政権獲得のための部品として存在し、議員、大臣という地位獲得が自己目的化するのである。国会議員になることを「バッジを付ける」といい、大臣就任を「大臣の椅子を手に入れる」というのは、こうした現象を日常言語がよくとらえたものだといえよう。国会議員、大臣という「手形」を入手できれば、役人たちに命令できると同時に、振り付け通りにしていれば、持ち上げられながら大過なく実績が残せる側面があったからである。

審議会システム

では、有権者と政権との契約関係なしに、どのように政権の政策はつくられるのか。先に述べたように、省庁官僚制は業界団体をはじめとする社会との接点を持ち、それを通じて民意を吸収する。だがこのルートは日常的であり、分散的である。改革の必要性があっても、アイデアも代替案も出てこない。

そこで、官僚制が頼るのは審議会である。官僚制の側からみて審議会は、日常業務から切り離されたところで、問題点の検証、代替案の作成を行うための足がかりになる。さらに審議会を機能させるために、委員に高い権威を持つ人物を据える。民主的正統性に代えて、専門的正統性を持つことが、その存在意義を保証するからである。業界代表者とともに、当該分野における研究者、識見を持つ財界人など社会的な成功者を迎える。もちろん担当の官僚も専門性を持つが、委員と事務局を兼ねるのは難しく、「元官僚」など関係省庁と関連がある者を委員にする。

審議会のあり方は多様であり、一つの型に収まらない。ただ、多くの審議会で事務局の官僚が報告書原案を執筆するため、官僚の意図する方針に反する結論は出ないのが普通である。審議会は官僚の「隠れ蓑《みの》」としばしば指摘されるが、おおむね正しい。ただし最初から官僚が結論を持っているとは限らない。官僚も審議会の議論によって考え方をまとめ、その議論の流れをみて、社会的に受け容れられる政策とは何かを判断するからである。

このように審議会は民主的正統性を持たない省庁官僚制が、自らマニフェスト（政権公約）の代替物をつくり出す仕組みという側面を持っている。しかし民主的正統性を持たないことの意味は小さくない。高度成長期のように財源が増え続ける状況下では、さまざまな政策提案が可能であり、その負担は目立たず、審議会でも十分な改革が行えた。だが、低成長期の現在、社会活動に多大な影響を与える改革、新たな財政負担が必要である改革、あるいは行政秩序を大きく変える改革が要求される。その場合には強い権力が必要である。そしてもっとも強い権力基盤は、有権者からの支持であり、選挙で明確に有権者と政府との間で契約が結ばれた場合なのである。

マニフェストなき総選挙、あるいは「目的なき政権」は、日常行政の遂行はできても、思い切った改革を行うことは困難なのである。

4　空洞化する国会

内閣提出法案と事前審査

自民党長期政権は、国会のあり方をも大きく規定していた。それは国会の位置付けを曖昧にし、空洞化させるという問題である。

その代表的な例としては、内閣（政府）提出法案に関する自民党の事前審査制である。これについて一般には、内閣提出法案は自民党内で事前に賛成されたものであり、国会採決は予期され、ゆえに国会審議は空洞化しているといわれる。だがこれは誤りである。なぜなら、議院内閣制において、内閣提出法案は政権党が自ら提出したのと同じなのであって、自ら提出する以上、賛成するのは当然だからである。

ただし、議院内閣制を採用している国であっても、政権党議員からの造反や、国会審議の過程で政権党側から修正の動きが出ることはあり得る。日本における自民党の事前審査制の大きな問題は、法案について非常に細かな条文まで拘束していることである。

そもそもマニフェストが機能していれば、政権運営の基本方針について、政権党内に合意があるはずである。それに沿った法案が国会に提出され、多数を占める政権政党の賛成によって成立するのは、民主政の仕組みからいって好ましいことであり、事前に予想がつくことは悪いことではない。むしろ問題なのは、完成された法案が提出され、それがそのまま法律になることとなのである。

日本では先に述べたように、政府・与党二元体制が前提とされている。官僚が各省庁の利害を調整し、与党議員の合意を取り付け、内閣法制局の審査も受けて、その仕上げとして、自民党政調会・総務会における事前審査を受ける。したがって法案が提出される段階で、条文は確定しており、細かな表現にいたるまで詰め切られているのである。

これは異例のことである。諸外国における内閣提出法案は、議会内で成立の可能性が高くなる段階で、細かな条文上の表現が完成されていくからである。細かい修正を含めれば、法案修正はごく普通のことであって、議会における審議の結果が反映される。

内閣提出法案には、政権が何としても骨格を守るべき要素もあれば、柔軟に対応しても差し支えない要素もある。しかし法案の事前調整によって、「テニヲハ妥協」というかたちで細かなところまで関係者の拘束を受けてしまえば、議会の審議を反映して、修正するといった柔軟な対応は不可能になる。その結果、法案の内容を精査しても仕方がないという状況が生まれやすいのである。

党議拘束の意味

また議院内閣制では、内閣提出法案に関して、政権党議員の投票行動を拘束するルールが整備されているのが普通である。たとえばイギリスでは、審議が進み、採決の段階を迎えると院内総務が所属議員に対して登院命令書を出すというかたちで拘束がなされる。ただ、その内容に関しては濃淡がある。基本的には出席して賛成すべしという段階から、賛成が義務であるという段階、命令に反したら、除名などの措置がとられるという段階まで、法案の重要度に応じて差がつけられている。

一方で日本の自民党の場合は、総務会で党議拘束がかけられると、区別なしに一律に投票内容が規定される。だが、その決定に反したときの罰則は明確ではない。

さらに問題なのは、別の選挙で選出される衆議院議員と参議院議員が、議会外の自民党という政党の場で、投票行動が拘束されることである。議会における投票行動は、それを行使する議員が自ら決めるのは当然の前提であり、院内における議員団が所属議員を拘束するのが普通である。その点で、自民党という枠で一律に拘束し、衆議院と参議院の議員を区別しない日本のあり方は異例である。

こうした筋論はともかく、衆参を通じて、提出前という早い段階で採決における行動が規制されてしまえば、審議によって法案内容を広く有権者とともに検討し、その結果として採決に臨む契機がなくなってしまう。参議院では修正案の模索など、議員の自由な立場が認められるべきだという議論があっても、制度的に不可能になる仕組みが存在するのである。

このように国会においては、法案がいつ採決にかけられるのかが最大の焦点となり、国会の機能は採決という機能に集約されてしまう。「討論を行い、決定する」という審議過程が断ち切られるのである。

短い審議日程と国対政治

比較政治的にみれば、議会には二つの類型がある。一つはアリーナ型で、もう一つは変換型である。

アリーナ型議会としては、イギリスの議会が代表例である。基本的には政府提出法案が可決され、審議日程なども政府に主導権がある型である。つまり、採決結果があらかじめ予想できる見世物としての国会審議という意味で「アリーナ型」と呼ばれる。こうした議会では、議会の機能は法案の成立の可否ではなく、むしろその法案の中身を明確にし、広く周知すること、法案を手がかりに政策論争が行われ、各政党の立場が有権者に浸透し、次回の選挙の参考にされるようにすることである。

これに対して、変換型議会は、アメリカやドイツの議会が代表例である。審議中に法案が修正され、法案の中身が形成されるところに特徴がある。まさに法案内容が「変換される」議会なのである。権力分立制を採るアメリカは別として、議院内閣制で変換型の国会運営がなされるためには、たとえばドイツのように委員会における法案の実質的審議過程が非公開となり、委員会審議のなかで、政権党・対抗党双方のメンツをつぶさないかたちで法案が形成される必要がある。その点で、華々しい議論と、議会における法案内容の変更の双方を期待することは難しい。

では、日本の場合はどうか。与野党対決の主戦場であるべき本会議は形骸《けいがい》化し、アメリカの影響で委員会重視型になっている。ところが、アメリカと違い議院内閣制を採用しているため、議員の行動には拘束がかけられている。また、委員会審議を非公開にすれば、国会の存在が目にみえなくなるので、委員会審議を公開することになった。そのため、委員会での妥協は難しく、法案の実質修正は難しくなる。つまり、日本の国会はどっちつかずなのである。事前審査制の存在によって、国会における修正が極度に制約されているため変換型ではないが、「三権分立論」が根強いため、議員立法への過度の期待など変換型への期待が残る。

一方で、興味深い現象がある。日本の国会における修正の例は、イギリスのように極端なアリーナ型の国に比べても少ない。だが政府提出法案の成立率は、イギリスよりも日本の国会のほうが劣ることが多かったのである。とりわけ五五年体制の最盛期には、そうした状況がみられた。

なぜなら、民主政の定着とともに多くの国の議会で撤廃された会期制の原則が、日本では残っており、「会期不継続の原則」が強く主張されるからである。これは、会期内に審議が終わらなかった法案は、原則として廃案になることを意味する。もちろん現実には、継続審議などの措置が取られることも少なくない。だが、諸外国の議会は、総選挙と総選挙の間を一つの「議会期」と見なし、原則的に通年で審議することが多い。これに対して日本の国会は通年ではない。したがって法案の成立は、日程の設定によって大きく左右されるのである。

しかも、日本の国会では、基本的には定例日制を採っており、本会議を開くべき曜日が衆議院、参議院でそれぞれ決められ、各委員会にも定例日が設定されている。通常国会の会期が一五〇日あるといえば長いようだが、衆議院の委員会、衆議院の本会議、参議院の委員会、参議院の本会議というように、さまざまなハードルを越えていくためには、実質的な会期は、想像以上に短い。少しでも手順を間違うと、時間が足りなくなるのである。

近年になって崩れたが、五五年体制下では、国会審議に関しては主要政党の合意を尊重する慣例があり、国会審議日程について野党に実質的な拒否権が存在した。もちろん明確な拒否権であれば、野党が賛成しない法案は一つも採決することができない、あくまで非公式な慣行として存在した。

実際には、野党は成立がやむを得ないと思えば、「出席して反対」し、あくまで反対なら、審議拒否を行って国会審議を止め、自分たちの立場を宣伝した。また、単独審議への抵抗感が強かったため、与党側では何らかの妥協を野党と行うこともしばしばあった。野党が審議拒否した場合、与党がどうしても成立を期するには、与党単独審議の場合、単独採決を行えばよいのであるが、「強行審議」「強行採決」という批判を浴びることを覚悟せねばならなかった。野党としては、「強行採決」は「抵抗する野党」の人気を高め、メンツを立ててくれるありがたい事態でもあった。こういった状況では、与野党の利害は錯綜《さくそう》し、裏側で協力関係が生まれ、表面上の国会審議は「見世物」としての色彩を強く帯びてくる。

このように日本の国会は、かたちを変えたアリーナ型ともいえるが、短い審議日程という大きな問題を抱えている。そのため、法案内容の十分な審査、政党の立場の違いの検討、討論を通じての問題解明といった機能がおざなりになりやすいのである。

また、アリーナ型のようでありながら、法案の成立率が低い現実は、法案阻止能力が国会にあることを意味し、与野党の微妙な協力関係を生んできた。これがいわゆる「国対政治」の成立基盤である。国対とは各党の国会対策委員会のことであり、制度上、審議日程を決める議院運営委員会とは別に存在し、非公式の立場を利用しつつ駆け引きを行う。

こうした、日本の国会が会期制の縛りのために野党に一定の拒否権を与えていることを、先に述べたように「粘着性」という。つまり政府提出法案は簡単に国会を通過するわけではなく、変換されるわけでもないが、国会で引っかかるのである。そして国対政治によって、政府と区別された与党には一種の法案拒否権を与え、野党にも法案の成立に関して一定の権力が付与される。

与野党の国会議員がこの関係を自覚すれば、彼らが省庁官僚制に応対するとき、先に述べたように一種のレバレッジ（梃子）としての意味を国対政治が持つことになる。その点で日本の国会は、アリーナ型でもなく変換型でもない曖昧性のなかで、政治家に政治的影響力の梃子を与える存在として意味を持つのである。

5　野党の曖昧な機能

選挙によって政権党が代わるという政権交代がないことは、野党のあり方にも大きな影響を与えた。

野党の役割とは

そもそも「野党」という言葉にも不思議な響きがある。英語でいえば、オポジション・パーティ（opposition party）であって、「反対党」や「対抗党」が訳語である。ところが、「野党」といえば、部外者あるいはアウトサイダーという印象があり、「権力に与《あずか》れない政党」というニュアンスを持っている。ここにも「バッジを付ける」と共通の感覚があり、議員の資格を示す用語という色彩がある。

たとえば「野党に存在感がない」といわれる場合、野党は国会で法案成立を阻止するべきだという意見が多い。たしかに五五年体制時代には、社会党などの野党が自民党の政策を挫《ざ》折《せっ》させたこともあった。ただ、これは、自民党の政権維持を前提に、国対政治を介して「余裕を見せて」野党にもいくらか配慮していたのが、その実態ともいえる。しかし、そもそも選挙で敗れた政党が大きな影響力を行使するのは、民主的ではない。「野党らしい野党」は、政権獲得をあきらめた政党の姿といえなくもない。

ここで注意すべきなのは、「野党」という政党があるのではなく、野党は役割であることである。政党は政権の座にあれば政権党と呼ばれ、政権を手放せば反対党と呼ばれる。この当たり前のことが忘れられがちなところに戦後日本政治の問題があった。つまり、与野党関係が固定化すれば、野党は与党の部分的譲歩で満足するようになり、政権交代をめざして、アリーナ型国会で見せ場をつくる動機がなくなる。社会における不満のはけ口にはなるものの、その原因の除去をめざす政党にはなりにくい。しかも先にみたように、国対政治によって密《ひそ》かな与野党協力が進むと、与野党の区別も融解し、どの政党にも族議員が存在し、与党議員が一級政治家、野党議員は二級政治家だという区別だけが残ることになりかねない。結局、政権獲得を放棄し、野党に安住する政党が相手であれば、与党に政権喪失の危険がなくなり、責任感は失われていく。難しい問題を先送りしたり、重要問題の処理を官僚など他者に委ねたり、また政策の失敗の原因を官僚に負わせ、政治家としての責任を取らない状況さえ生まれていく。

さらに、与党議員は日常の問題処理に追われて、長期的問題を考える余裕を失う。自らの変化を促す最大の契機である下野経験がないため、自己革新は大変難しくなる。一方で野党には代替案がないために、自民党が失敗したときの受け皿がなくなり、代替案の存在自体さえ意識されなくなる。

一九八〇年代後半に指摘された「横からの入力」（アメリカからの政策圧力）は、野党機能を発揮できるのは外国政府だけという状況を指摘したものであって、政党政治の衰退を示すものであった。

6　足腰が弱い政党と民意集約機能

自律性が乏しい日本の政党

日本の主要政党は、与野党ともに大きな弱点を抱えている。つまり政党としての足腰が弱いことである。このことを例証するのが、一九九〇年代に頻繁に行われた「政界再編」である。政党の再編は諸外国ではあまり起こるものではない。長時間かけて進行するのが普通である。諸外国の場合「政党再編」は、広く社会に根を張る政党の枠組みが変わることを意味する。たとえば世論調査などで、「あなたは何党ですか」という質問の答えが顕著に変わることで、政党再編が進むのである。

ところが日本の場合、政界にいる政治家が付いたり離れたりすることを意味する。諸外国の多くの政党は、氷山のような構造を持ち、海面上に姿を現している政治家は、海面下の巨大な政党組織によって支えられている。それに対して、日本の主要政党は巨大な組織に支えられているというより、議員集団としての色彩が強い。

もちろん日本共産党は組織政党であり、公明党もかなり組織化されている。だがほかの政党の場合、政党組織といっただけで拒否感を生みやすい。また組織といえば、政党の外にある労働組合、利益集団、宗教団体などだという誤解が広がっており、政党は「氷山」だというイメージは稀薄である。

世論調査でも、こうした実態をふまえて、日本では「あなたは何党ですか」などと訊《き》かず、「あなたは何党を支持しますか」、さらに極端な場合、「あなたは何党が好きですか」と訊く。世論調査で政党の支持状況を尋ねることは、日本の政党のあり方を示す一つの例である。

そして長期にわたって政権を維持する自民党は、「天下党」として、部分としての政党であることをやめ、政府機関のようになる。野党もまた与野党融合現象の影響を受けて、自民党のコピー化が進んでくる。

これらの政党は、自前で選挙を行うことが難しい。選挙を戦うことこそが政党のもっとも重要な機能であるが、自民党の場合は、中選挙区制の影響もあり、派閥と個人後援会が選挙運動の中核であった。特に個人後援会が選挙を行うことは、政党とは政治家の集合体だということを印象づけた。そのため一般的な政治家の姿は、義理人情に訴え、土下座までして、「バッジを付け」、後は次の選挙をにらみ、個人政治活動を積み重ねるというものであった。野党の場合も、社会党、民社党は労働組合を重要な基盤とし、選挙も労組に任せる議員が少なくなかった。公明党が創価学会を基盤とすることは明白であり、その点で「自前の組織」というには距離があった。

つまり、日本の政党の多くは、程度の違いはあっても、政党としての自律性が低く、政党中心の政治活動は、その基盤からして難しいのである。

政党と政策

日本においては、政党の民意集約機能が発揮されることは難しかった。中選挙区制時代、あるいはその流れが残っていた時期には、総選挙は、政策、政権が一体化していなかった。つまり、選挙では、日頃の「世話活動」の成果として義理人情で票を集めるため、政策の訴えは少なく、政権が選択されることはなかったからである。首相は派閥間連合の変化で、総選挙と関係なく選ばれる。また政権は、有権者から負託された政策課題を持たず、官僚制を用いて問題提起をしながら、マスメディアに現れる「世論」といった曖昧なものを目安に政策を打ち出す。

多くの政治家は「御用聞き政治家」になり、大きな方向性を打ち出すといったことに関心を持たない。有権者からの生《なま》の要望を、生のまま「政府」に伝え、自らの影響力を駆使し、それを実現するのが主要な仕事になるのである。

たしかにこれも、一つの「利益媒介」の姿であるが、民意の集約が抜け落ちる。すなわち、さまざまな利益を統合し、その利害得失を精査し、全体として統一性のある政策を打ち出す機能である。

個別の要求と政策の間には距離がある。税金が安いのに、いろいろなサービスを提供してくれる政府は理想だが、現実的ではない。すべての要求を受け容れることはできないため、要求を制限しながら、受け容れた要求を一般的なものに変換する必要がある。そして政党こそが、こうした機能を果たさなければならないのである。

いいかえれば、政党はいったん有権者からの要求を受け容れ、帰納《きのう》的に政策をつくり上げ、ある程度抽象化した段階で妥当性を判断し政策を決定する。そしてその政策から演繹《えんえき》的に個別の施策を打ち出すことが必要なのである。だがこれが日本の政党には難しい。

その代替機能を省庁代表制というかたちで、官僚制が担ってきたが、先に述べたように、大規模改革を行うことは、省庁代表制では難しい。また個別政策を積み上げただけでは、政策から一体感が欠けてしまう。日本では、政党の弱さが、政策の体系性の弱さにつながり、時代の変化に対応する大規模改革を難しくしているのである。

第5章　統治機構の比較

——議院内閣制と大統領制

これまで、制度と運営の乖離《かいり》を手がかりに、日本の議院内閣制の特徴について考えてきたが、しばしば外国の事例を手がかりに日本の特殊性についても論じてきた。制度配置や社会的背景について考えるためには、諸外国の例を検討するのは有益である。

この章では、本書ですでに行ってきたように、日本と対比する意味で大づかみに理念型を抽出し、日本の政治と比較してみる。

まず各国の政治制度の外観を、政治権力の集中と分散という観点から比較する。本書でもしばしば触れた「権力分立」あるいは「三権分立」という考え方は、諸外国でも当然の前提なのだろうか。そのさまざまな現れ方を、特徴的な数ヵ国から検討してみたい。

1　権力集中と分散

イギリス——議院内閣制の成立と発展

イギリスは近代議会制の発祥地で、議院内閣制の母国であり、立憲制や民主政が早い時期から根付いた国である。それゆえ、アメリカやフランスといった例外を除けば、「欧米先進諸国」のほとんどが、議院内閣制などイギリスの制度を模倣している。

もっとも、イギリスの議院内閣制は、かなり極端な形態をとっており、平均的な政治制度ではない。だがモデルとしての簡明さは出発点となる。イギリス政治は議会を中心として動いている。内閣（下院の多数派幹部）も最高裁判所（上院の法服貴族）も、ある意味では議会の一部としてとらえることができる。

イギリス政治をみる場合、早期に成立した絶対君主制と議会が争い、議会が次第に国王から実権を奪っていった側面に注意が必要である。忘れられがちであるが、イギリスの王権は早期に官僚制をつくり出すのに成功していた。トマス・クロムウェル（一四八五?～一五八〇）やトマス・モア（一四七八～一五三五）らによって基礎固めをされた官僚制は、当初は絶対君主の、のちには政党化した政府の道具として機能する。

現在のイギリス政治体制の起源は、一七世紀の内乱を経て、一六八八年に名誉革命で議会が勝利したことにある。それはいうまでもなく「議会のなかの国王」という統治形態である。

議会が実権を握りながら、国王の名のもとで統治する体制ができると、議会のなかの党派が、行政権を奪いあうようになる。トーリーとホイッグの二大政党制の成立である。議会の多数を獲得し、行政権を手に入れた政党が、統治の手段としたのが内閣である。議院内閣制が成立したきっかけは、一七四二年、議会で多数を失ったロバート・ウォルポール（一六七六～一七四五）が事実上の首相である第一大蔵卿を辞任し、首相の地位が議会の信任によることが確認されたからである。このとき、ウォルポールが国王から贈られたダウニング街十番地の首相官邸は、歴代首相に受け継がれる政治的財産となり、政党を基礎とする議院内閣制という制度が形成されていく。

一九世紀になり、保守党と自由党の二大政党制を前提に、次第に選挙権が拡大されていくと、議会は、民主政の舞台として機能するようになる。世紀末には、ジョゼフ・チェンバレン（一八三六〜一九一四）などによって導入された近代組織政党に支えられ、議院内閣制の民主化が進行する。そして、民主政の政治制度としての議院内閣制が成立するのである。

また、その制約条件であった二院制は、たとえば一九一〇年代初頭、アスキス（在任一九〇八〜一六／一八五二〜一九二八）内閣下のいわゆる「ロイド・ジョージ人民予算」をめぐる対立から明確になる。連続して選挙で勝利し、下院を制した内閣によって上院が屈服させられてから、下院の上院に対する優位は確立した。第二次世界大戦後も、内閣が存亡をかけた法案については上院は反対の議決を行わないという「ソールズベリー・ドクトリン」が確認され、議院内閣制の原理は貫徹する。

同時に、二大政党制の組織化によって、次第に党首に党内権力が集中するようになり、また行政国家化の趨勢《すうせい》によって、イギリス型の議院内閣制は、首相に強大な権力を与えることになった。さらに総選挙における公約は、次第に整理されプログラム化することによって、いわゆる「マニフェスト」が政権運営に重要な意味を持つようになる。ここに総選挙で、政党、首相候補、政策プログラム＝マニフェストの三者が選択されるイギリス型の選挙が定着したのである。

一方で「政府」は、選挙に勝利し、通常は議会の多数を占める政党幹部が組織する内閣のことを意味するようになる。イギリス型の議院内閣制とは、強力な権力集中を期間限定で容認し、政治的競争によって緊張感を持続するという仕組みなのである。

もちろん、選挙においては各選挙区に多様な候補が出馬する。全国的にみても、労働党、保守党、自由党といった三大政党が議席を争っている。小選挙区制効果によって、議会は二大政党制であるが、社会全体は単純な二大政党制ではない。また議会は、多数決制が確立しているため、政府提出法案は成立することが通常であるが、活発な討論がなされる。議員提出法案はほとんど成立しないが、討議に付される法案は少なくない。一方で権力を失った上院だが、修正活動によって、実質的な立法機能は活発であるという報告もある。

このように、実態には幅があるものの、「ウェストミンスター・モデル」と称されるイギリスの政党制、選挙、議院内閣制の仕組みは、議院内閣制の理念型としての地位を占めている。このモデルの議院内閣制は、カナダ、オーストラリア、ニュージーランドなど、かつての英連邦諸国の一部に広がっている。

アメリカ――権力分立論

アメリカ合衆国の政治制度は、独立の経緯からイギリスの強い影響を受けながらも、それとは違う方向をめざしている。何よりも独立戦争（一七七五～八三）は、植民地の独自性を認めないイギリス議会に対する反乱であり、「代表なくして課税なし」という言葉がスローガンとして通用したのも、強大なイギリス議会の存在を抜きに理解することはできない。そのためアメリカでは、権力分立論がきわめて重要な意味を持った。モンテスキューの権力分立論は、実際には存在しないイギリス政治を理想化して描かれたものであるが、アメリカは独立に際して、それを実際に導入したのである。

そもそも独立を果たしても、連邦制の導入には反対も多く、憲法制定の課題は連邦政府の規模と権力の抑制であった。そのためアメリカ合衆国憲法は、さまざまな権力分立策を採っている。

たとえば連邦制は、州政府を基本とする国家体制を確認するもので、連邦政府の権限は憲法の条文で委託された項目に限定した。また立法・行政・司法の、かなり厳格な分立制が定められる。そのうえで立法権は、権限の対等な二院制に分けられ、両院の意見が一致した場合のみ法が成立する。その立法についても大統領に拒否権が与えられるという抑制的な制度となった。

もちろん独立戦争間もない頃であり、対外戦争などの危機を想起して、外交や軍事に関しては、大統領に権力が集中している。この大統領職は、ジョージ・ワシントン（一七三二〜九九）の就任を想定して考案されたものであり、戦争時には大統領に権力を集中するが、平時は抑制的な議会が立法した事項について、淡々と政策実施することが想定されていた。

一方で、強大な権力を行使するおそれがあるとされた政党については、二院制や立法・行政を分立させることにより排除する工夫が凝らされている。当時、政党は徒党として好ましくないものとみられていたのである。

ところが実際に政府が成立すると、大統領選挙などのために党派対立が生じ、それが政党のかたちをとるようになる。しかも連邦政府の権限を行使せざるを得ない問題が生じ、南北の対立を内包しながらも、連邦政府は重要性を増してくる。党派対立は、次第に二大政党制へと移行し、アメリカ政治は政党抜きには語ることができなくなっていった。

二大政党制についても、一九世紀、政党の入れ替えなどの変動を経て、南北戦争後の再建期に、現在の共和党、民主党が並立する体制が整う。権力分立体制のもとで、議員の行動もバラバラではあるが、大統領選挙に際しては全国政党化するだけでなく、各地において一定の安定した政党組織を有する二大政党が政治基盤として確立したのである。

一九世紀の間は、連邦政府の重要性も現在と比べれば低かったが、アメリカ経済が発展するにつれ、次第に憲法における連邦通商条項などに基づく連邦政府の事務が増えてくる。二大政党は利権の配分をめぐって争い、ニューヨーク民主党の地域集票組織である「タマニー・ホール」に代表される地域の利権政治が活発化し、政党政治の定着が図られた。その意味で一九世紀のアメリカ政治は依然として議会中心であったといえよう。

ところが米西戦争を経て、第一次世界大戦に参戦するなど、国際政治の舞台に上がり、経済大国化したアメリカでは、行政府の役割が重いものになっていく。また各州で都市問題への対処や産業基盤整備のために、さまざまな政策が要請されると、それに対応する連邦行政府の仕事も拡大した。そして、大統領職が、そもそも戦争および外交を一元的に処理するために置かれた経緯から、世界大国となったアメリカでは、大統領の役割が重くなった。

一九三〇年代の大恐慌後の経済再建と、一九四〇年代の第二次世界大戦においては、フランクリン・デラノ・ルーズベルト大統領(在任一九三三～四五／一八八二～一九四五)による、ニューディール政策と戦争指導が相まって、連邦政府は行政国家化し、大統領職の重要性が明確になる。この頃になると、ホワイトハウスは単なる大統領官邸ではなく、巨大な行政組織として機能するようになるのである。

以後、大統領は、積極的に政策を立案し、立法を主導するとともに、関係が緊張した司法に対しても一定の影響を与えようとする。また議会との関係では、議会は大統領の「バンド・ワゴン」「コートテイル・エフェクト」と呼ばれる大統領人気によって議会選挙が左右される現象が出てきて、大統領の議会への影響力は無視できないものとなっていく。その結果、予算の原案は、大幅に修正されるものの行政側で作成されるようになる。また、実質的には大統領主導の法案の数が増え、厳格な三権分立の原則が緩やかに崩れていく。

それでも権力分立制が顕在化するのは、大統領、上院、下院を制する政党が異なる、いわゆる「分割政府」が起こったときである。アメリカ政治の特質とは、常態化する分割政府状況を前提に、複雑な駆け引きによって政治運営、立法活動が行われることともいえる。また盛んな利益集団の活動は、大統領や連邦議会議員を利害調整の渦に巻き込んでいく。そうした状況への反発から、一九八〇年代以降は小さな政府を掲げる共和党が、各種選挙で次第に優位を占める。また、党派対立が再び強くなり、議会における政党規律が厳しくなる傾向が生じている。

このように、アメリカの政治制度は、建国期に想定されたものとはまったく違う姿に移行している。その意味で大統領優位の政治形態は、政治制度から当然予想された姿ではなく、歴史的経過をたどって形成されたものであると理解しなければならない。

フランス——議院内閣制の失敗と半大統領制

フランスは長い伝統を誇る国であるが、政治体制の変更が多く、現在の政治制度は欧米先進諸国のなかでもっとも新しいものである。フランス近代政治史は、一八世紀末のフランス革命にはじまるが、革命で樹立された体制は、議会中心主義ともいうべき体制であった。この議会の強さと弱さを理解することが、フランスの政治制度を理解する鍵となる。いずれにせよ、独立直後のアメリカがイギリスの議会制度からの自立を掲げたように、この時代は議会の時代であり、フランス革命における革命独裁も議会を基盤としていた。

その後、さまざまな体制を経験し、フランスの政治体制は第三共和制（一八七〇～一九四〇）、第四共和制（一九四六～五八）として、元首としての大統領を戴《いただ》くものの、基本的には議院内閣制の国となった。

ただ、第三、四共和制のフランスは、内閣が安定しない政治体制であった。議会には数多くの政党が乱立し、離合集散がしばしばであった。いったん成立した内閣も、連立政権を構成する政党が何らかの理由で政権離脱することによって、しばしば短命に終わった。

逆説的ではあるが、議会主義が徹底していたため、「議員主義」とでも呼ぶべき議員行動の幅広い自由が前提とされ、政党による締め付けや、政権構成員としての縛りがきわめて緩かったのである。議会において「討論と説得」によって多数派が形成されるという一八世紀的な議会観からすれば、こうした状況は奇異ではない。だが議院内閣制を支えるためには、大きな障害となった。もちろん危機に際しての人民戦線内閣や、大連立といった政治的工夫も存在したが、常に不安定さを内包する政治体制であったことは間違いない。

そしてついに一九五八年のアルジェリア危機において、政権が軍部の統制に失敗すると、第二次世界大戦の英雄であり、軍人政治家としての実績もあるド・ゴール将軍に内閣の組織が委ねられ、第四共和制は終焉《しゅうえん》を迎える。政治制度そのものに問題があると考えたシャルル・ド・ゴール（一八九〇～一九七〇）が、新たな政治体制をつくるために、憲法改正を訴え、国民投票で支持を受けたからである。

これにより一九五八年に成立した第五共和制は、政治制度としてはややわかりにくい。大統領の権力が、一九六二年の憲法改正以来、直接公選になり実質化したものの、議会との関係では、大統領任命の首相が組織する内閣を残したからである。この内閣は議会の信任を必要としており、議院内閣制的な側面も持っている。そこで大統領制に議院内閣制の要素が加わっているという意味で、フランスの政治制度は「半大統領制」と呼ばれる。

第五共和制はド・ゴールが大統領であったときには、圧倒的な威信により、議会選挙においても、ド・ゴール派の諸政党が多数を占めた。だが後継者のジョルジュ・ポンピドー大統領（在任一九六九～七四／一九一一～七四）の頃から、大統領の支持基盤となる政党と、議会で多数を占める政党が異なることがしばしば起こるようになる。これを「コアビタシオン」と呼ぶが、大統領制と議院内閣制の折衷体制である半大統領制は、コアビタシオンによって機能不全に陥る危険が出てきた。

しかし、大統領の地位が保障されている以上、議会側も関係を調整せざるを得ず、また逆に大統領も議会なくして政権運営ができないため、双方の妥協が図られるようになる。フランソワ・ミッテラン大統領（在任一九八一～九五／一九一六～九六）の頃から、コアビタシオンの場合には、外交・安全保障は大統領が専《もっぱ》ら責任を持ち、内政については首相、内閣側が責任を持つという棲《す》み分けが行われるようになる。その意味では、権力の集中度の弱い議院内閣制という側面を持つ。

ただ近年の傾向では、大統領選挙が各種選挙のなかで優位を占めるようになり、分極的であった政党システムも、左右の二大陣営に整理されるようになってきた。つまり左右両政党の激突である大統領選挙を軸に、議会選挙も連動するようになったのである。そして二〇〇一年、ジャック・シラク大統領が、大統領任期を五年に短縮し、大統領選挙と同じ時期に議会選挙を行ったときから、議会の構成も大統領選挙の結果に沿ったものになる傾向をみせている。

このように半大統領制は、その制度の複雑性にもかかわらず、政権選択という点を軸に、議院内閣制の利点と大統領制の利点を兼ね備えた性質を帯びるようになりつつある。

韓国——大統領制主導体制

議会制の伝統がある欧米とは違った政治体制について検討すると、政治制度の意味が明らかになることがある。たとえば、近年、民主政が定着しつつある韓国における大統領制をアメリカの大統領制と比較することで、異なる条件における政治制度の作動の仕方を観察することができる。

先にイギリスとアメリカの政治制度を紹介した際、イギリスの議院内閣制が権力の集中をもたらし、アメリカの大統領制あるいは権力分立制が、権力の分散をもたらすことをみた。しかし、たとえば日本と韓国の政治制度を比べた場合、日本の議院内閣制が権力の分散をもたらし、韓国の大統領制が権力の集中をもたらすという興味深い関係にある。この二つの例をみただけでも、議院内閣制と大統領制のもたらす結果が一様ではないことがわかる。なぜ韓国の大統領制では権力集中傾向が強いのであろうか。

アメリカと比較した場合の大きな違いは、連邦制を採るかどうかの違いを含めて、権力分立という概念の定着度が挙げられる。アメリカにおいては、権力抑制装置を作動させることが強く意識されているのに対して、韓国では伝統的にそうした法の支配の観念が弱い。

たとえば韓国の場合、司法部門が、政権の意思を汲《く》みとって動くことへの違和感は、あまりないように見受けられる。また議会制の伝統が浅く、議会が国民統合の主役となることは少ない。むしろ大統領の人格的な統合作用への期待が、民主制への移行以前から強い。日本でしばしば強力な政治体制としてイメージされる「強大な大統領制」は、アメリカよりも、韓国のほうがモデルとして相応しい。

韓国において、金泳三《キムヨンサム》政権（在任一九九三〜九八／一九二七〜）までは、大統領主導によって形成された政党が与党として、議会の運営でも中心的な役割を担うことが多かった。大統領が議会を実際にコントロールすることに違和感が少なかったと考えられる。つまり政党あるいは議会が、大統領に対抗する役割を果たすことは少なかったのである。それゆえ韓国政治は、議会内における多数派工作あるいは政党間の駆け引きもさることながら、議会外に存在する在野勢力と政府との直接対立が重要な意味を持っていた。また、日本と共通する要素であるが、行政府による行政資源の配分を通じた国会議員の組織化があり、その点でも、大統領が主導する政党の優位が定着していた。

この場合、憲法の規定で大統領の留任を認めない「単任制」が、大統領の強大な権力への抑制作用として期待されていた。しかし大統領が交代するたびに、前任者やその親族などの不正が告発され、前任者の権威が失われた事実を考えると、民主的な権力移譲が制度化されていない疑念を抱かせる。これは任期中の大統領への権力集中と、チェック機構の不在を印象づける。

もっとも、こうした現象の背景には、韓国の強い地域主義があるともいえる。つまり、韓国南東部の慶尚道《キョンサンド》閥優位の政治構造があり、それが政党というかたちを取って大統領を支えていただけだともみえる。それゆえ金大中《キムデジュン》政権、盧武鉉《ノムヒョン》政権のように、伝統的保守層ではなく南西部の全羅道《チョルラド》などを基盤とする政権が成立すると、大統領を支持する政党が議会で多数を確保できなかった。そのため、フランス型の半大統領制権力分立制の要素が強まると予想されたが、相変わらず大統領の権限は憲法上も強く、議会の勢力分布とは関係なく首相が選ばれるなど、大統領中心の政治体制は変わっていない。

こうした権力分立的ではない大統領制は、ラテン・アメリカなどでも広がっている。そうした国々は、民主化していく過程で、一つの政治体制としてあるのかもしれない。ただ多くの場合、大統領中心制は、議会制あるいは政党政治が必ずしも確立していない国でみられ、また立憲制が浸透していないため、容易に強権体制へと逆戻りする例も少なくない。民主政あるいは立憲制の定着との関係で注意深い観察が必要であろう。

行政権運営の集中と分散

このように、権力の配置から政治制度をみた場合、議会制が定着していれば、議院内閣制は権力の集中を指向し、大統領制は権力分立を指向するが、もう一つ注目しておかなくてはいけないのは、行政権の構造である。

イギリス型の議院内閣制では、政治権力が集中する傾向にあるが、同じ議院内閣制を採っていても、政党政治が弱い場合には別の力が働く。日本の場合を極端な例として、ヨーロッパ各国でも緩やかな権力集中しかみられない場合も多い。政治権力において、立法権と行政権が融合するなかで、行政権が分散的傾向をとることによってバランスを取る側面があるともいえる。

それに対して、権力分立制が採られているアメリカ型の大統領制の場合、行政権は大統領に集中するため、実効性はともかく権限のうえでは大統領に権力が集中し、きわめて強い権力核が現れる。

このように、行政権の内部構造に着目すると、イギリス型の議院内閣制とアメリカ型の大統領制との関係は、前者が分散的、後者が集中的というように、政治権力の場合と逆転した関係が成立する。議会にまとまりがなく、安定した内閣基盤をつくることが難しかったフランス第四共和制の危機を、大統領制の導入が救ったのも、国民の支持で権威を得た大統領の下に行政権力を集中することで、権力核をつくり出したためであった。

しかしこうした体制がうまく機能するためには、逆説的ではあるが、大統領選挙を有効に行い得る安定した政党と、競争にさらされる政党システムの成立がなければならない。また直接公選と行政権力の集中だけでは、対立する議会との調整が進まず、政策課題の実行が停滞しがちである。大統領制で実績をあげるためには、議会との調整をいかにこなすかという課題が大きい。この課題は議会の権力が弱ければ、問題とならないようにみえるが、議会が弱いことは代議制の構造が弱いことであり、民主政の定着との関係で問題を生じさせることも多い。

このように考えると、直接公選や行政権の集中だけで、権力の集中が達成されるわけではない。必要な権力核の創出と、民主的コントロールの確保が実現するかどうかは、政治権力の配置だけではなく、社会的な状況、政党の支持基盤などの要素、国民の価値観などの要素が関係する。

実際、アメリカの権力分立制が、近年大統領中心の政治体制に移行していることをみても、現代においては権力分立制の貫徹は困難であると思われる。権限の委任関係が明白な議院内閣制モデルのほうが、立法府と行政府との関係をうまく処理できる点から、簡単なモデルであるということもできよう。

2 政官関係

官僚と政治家の微妙な関係

これまで、権力分立論について検討してきたが、政治システムは議院内閣制といった公式制度で動くだけではない。「政官関係」といわれる政治家と官僚との関係に着目しないと、理解できない現象も多い。

「強力なリーダーシップ」を求める人々は、日本の政治制度を大統領制に変えようというが、彼らの考えには、大統領制だからこそ政治家が官僚を統制できるという思いが含まれている。もちろんアメリカでは、選挙で選ばれた大統領が高級公務員を自ら選ぶなど、官僚への統制が行き届いている。しかし、議院内閣制が官僚統制を困難にしているわけではない。イギリスでもフランスでも、政治家による官僚の統制が問題となることは少ない。問題は政治システムではなく、政官関係固有の問題なのである。日本で官僚の統制について問題が起こるのは、「官僚内閣制」的な慣行を、議院内閣制の固有の現象であると考えるからではないだろうか。

政官関係論は、政治行政分断論と政治行政連続論の対比で語られることが多い。政治と行政の仕事にはまったく別の要素が含まれていると考え、政治家の仕事と官僚の仕事をできるだけきれいに分けて、別々に遂行すべきだという考え方が政治行政分断論である。これに対して、両者は一応区別できるものの、実際には明確な線引きは難しく、政治と行政の領域はかなりの程度重なりあっているというのが、政治行政連続論である。

実際、近代政治制度が整備されはじめたときに、この問題は、あまり意識されていなかった。たとえばアメリカは、猟官制（spoils system）というかたちで、行政処理を担当する公務員の選任が選挙と連動する現象がみられた。ところがこのように政治と行政の区別が明確でないなかで、一九世紀末には、政治的腐敗が現れた。それらは、民主政の貫徹が行政に腐敗をもたらす、あるいは民主政によって行政における効率が損なわれているという批判を惹起《じゃっき》した。

それを受けて政治行政分断論が、あるべき規範を唱える。つまり、専門能力によって選ばれる官僚が、一定の独立性を持って、行政を担うべきだという主張である。その結果、資格任用制（merit system）という試験などで能力を実証したものを官僚として採用することが、アメリカで行われるようになる。同様にヨーロッパにおいても官僚制の近代化が図られる。身分制的な官僚制から、資格任用制に基づく官僚制へと移行し、能力をもとに選抜され、終身雇用的な待遇を受ける官僚が、行政実務を担う仕組みが整備されていく。

もっとも、政治行政分断論の規範的側面に基づく改革が、一定の成果を収めたとしても、実態は別である。時代とともに、政官関係は変化し、政治家と官僚の役割は交錯するため、政治行政連続論の枠組みでみたほうがわかりやすい状況も出てくる。もちろん、これは旧来のかたちに戻ったのではなく、政官関係が別の局面に入ったということである。たとえば、一九七〇年代以降の政官関係論では、実態分析を背景にして、政治行政連続論が強くなり、またそれを前提として両者の関係を整理しようという動きが強まる。

ところが一九九〇年代から広がった新公共経営（NPM）の考え方では、企画と実施を分離して実施を独立させることで、効率化をねらうため、政治行政分断論的な考え方が、別のかたちで復活してきた。つまり、現代の政官関係は、政府の活動を政治と行政という区別でみるだけでなく、企画と実施という概念が導入されたため、より問題が複雑化しているのである。

現在、官僚の役割は、より具体的にその機能を分析することが必要となっている。官僚悪玉論や官僚待望論では処理しきれない問題が数多いのである。たとえば、選挙で選ばれない官僚が、独自の判断をする正統性は、その専門能力を通じての効率性・有効性と、必然的に党派性を帯びる政治家や政治的決定から中立性を確保する必要があるからである。民主的統制の貫徹に意を用いるとともに、行政における党派性の処理の問題に悩むのが、各国の実情である。そこで各国の状況をみてみたい。

アメリカ――政治的任命制

アメリカは公務員に関する政治的任命がもっとも盛んな国である。州レベルでは司法関係のポジションまで公選職である例があるほど、選挙や選挙にともなう人事異動が広く浸透している。かつては大統領の政党が代われば、郵便局長まですべて入れ替えられたといわれた。数え方にもよるが、大幅に数の減った現在でも、連邦の主要な役職の三二〇〇程度が政治的任命である。この政治的任命とは、選挙で選ばれた任命権者が自由に選任し、任命権者の退任によって、原則としてその職を失うというものである。

政治的任命は、一般有権者が政府の担当者を選ぶという民主政の素直な表現であり、リーダーを選んだら、そのリーダーが部下を選ぶのは当然であるという簡潔な発想に基づいている。それゆえ、官僚制の伝統の長い国からすれば奇異に映る政治的任命制度は、意外と根強い支持を得ている。

この背景には、公務は誰もが責任感を持ちさえすれば遂行でき、社会の価値観に見合った公務遂行が望ましいという発想がある。これは政治的任命が制限された現代でも、アメリカにおいては根強く残る考え方であり、社会の構成を反映する官僚制が望ましい（たとえば少数派エスニックの公務員も一定程度以上在任すべきである）といった代表官僚制といった考え方が残っていることとも関係している。

すでに述べたように、アメリカ二大政党の確立期である一九世紀は、利益政治が次第に活発になった。そして、一九世紀末には政治的任命制度も利益政治の中核をなす制度として批判にさらされていた。まったくの素人が、政党活動あるいは選挙運動の代償として政府の官職を得るため、行政活動が適正に行われなかったり、非効率が目立ったからである。

市政改革運動と呼ばれる草の根の行政改革運動にも刺激され、専門家による行政が模索され、行政委員会などの設置とともに、専門官僚の任用という課題が表面化した。そして同時代におけるヨーロッパの動きとも連関しながら、資格任用制の導入が図られた。しかしこれは身分としての官僚層をかたちづくるというよりは、特定の官職に相応しい能力を持った人物を配置することをめざす動きであり、専門家の個別登用をめざす制度となっている。そのためアメリカでは、政治的任命が制限されても、一体性のある官僚層が、軍部などの例外を除いてあまり形成されていない。

政治的任命について、優れた外部の専門家が登用されていると称揚する意見もあるが、これはアメリカの現実を過度に美化したものである。政治的任命の側面を強調すれば、専門性の発揮もさることながら、政治的忠誠心が問題となる場合が多く、狭い意味での専門性だけが登用の基準になるわけではない。

そこで、一九八〇年代以降、政治的任命制度によって、政権交代ごとに公務員が大幅に入れ替わることの弊害に目が向けられはじめた。主として中間管理層についてだが、終身職の官僚制を構築する試みも行われている。

強固な官僚制を許さず、政策形成過程を政府内にとどめず開放的にしていることがアメリカ政治の活力の一つである。だが同時に、問題によっては、政府の能力が十分でない状況を生み出してもいるのである。

イギリス——恒久官僚制と政治的中立

イギリスでは、近世の早い段階で絶対王政期における官僚制の萌芽ともいうべき現象がみられ、それをもとにした恒久的な官僚制が発達してきた。ここでいう恒久官僚制というのは、終身雇用的な身分保障を前提に、高級官僚が育成され、一体性を持つ官僚グループが形成されていることを指す。

この官僚制は、政党政治の発達とともに猟官制的な運営がなされたこともあるが、一九世紀半ばから資格任用制が広まり、独自の専門能力を持った官僚の集団として発達する。恵まれた階層から出て、オクスフォード大学やケンブリッジ大学を卒業し、人文的教養をもとに選抜された人材が、生涯の仕事として官僚となるイギリスの官僚像は、日本における高級官僚像に近い。同時期のイギリスでは、法律家や医者を典型とするプロフェッションが成立し、独自の職業倫理と、同業者間の相互評価をもとにした能力保証の仕組みが整備され、専門家集団として社会的に優位な地位を占める層が形成されるが、官僚にも同様の職業倫理が生まれてくる。

イギリスでは、政党政治が次第に民主化され選挙による政治が定着するが、政権交代の繰り返しを契機に、イギリス独特の官僚の政治的中立性という原則が生まれる。だがイギリスの官僚は、表面上政治的中立を謳《うた》ってはいない。つまり原則は、国王（女王）に忠誠を誓う政府の一員であり、その国王の代理人である政権担当者に服従するのである。身分を保障された官僚は、時の政権担当者の意向をふまえて政策を立案し、政策実施を監督することが職務内容となる。それゆえ、たとえ政権党の政治家であっても、指揮命令関係にない、つまり大臣などでない人物とは、指揮命令関係を乱すものとして接触が忌避《きひ》される。

官僚に、時の政権担当者である首相や閣僚たる政権政党幹部への忠誠が要求されることは、一見、政治的中立を保っていないようにみえる。しかし総選挙などで政権交代が起これば、別の政党幹部に同じように仕えるという意味で、党派性を持たないのである。

イギリスにおける官僚の政治的中立は、選挙で成立した政権には、いつでも忠誠を尽くす用意があるというのが中身なのである。それゆえ、政権交代があり得る総選挙の間には、高級官僚の重要な仕事は、各党のマニフェストを検討し、政権成立後に打ち出されるべき政策の準備をすることになる。そのときは、たとえ同じ政党が政権を維持する可能性が高くても、他政党の政策も同様に検討しておくのが、官僚のあるべき姿であると認識されている。

もちろん官僚が大臣に服従するといっても、専門的立場から大臣の指示に疑問を感じた場合には、意見を述べることは当然である。ただし、助言が受け容れられないとき、大臣の指示を無視してよいという規範はない。その意味で、政治的統制は貫徹している。また実態として、大臣に力量がなければ、サボタージュのようなことが起こることもあるが、それが当然だとされることはない。

このとき、官僚と政治家の仕事は別の種類の仕事だと考えられており、官僚から政治家に転身することはきわめて稀である。また処遇面でも、選挙で選ばれた政治家よりも、専門能力が評価される官僚のほうが高い処遇を受けることもあり、官僚の独立性は職務内容の違いというかたちで保たれている。

このようにイギリスでは、政治行政分断論を人的に実現しながら、具体的場面では政官の協力を機能的に進める政官関係が成立しているのである。

フランス――高級官僚の二分化

フランスはしばしば官僚支配の国であるといわれる。たしかに高級官僚が社会のエリートとして厳然として存在し、各界上層部に官僚出身者があふれている。しかし日本のような意味で、各省官僚が自律性を持って政策をつくっているわけではない。フランスにはフランスなりの官僚への政治的統制の仕組みが存在する。

フランスの官僚制は、絶対王政期からの伝統を持つが、直接の起源はナポレオン帝政期である。それは近代的学校制度を通じてのリクルートを基盤とする資格任用制である。フランスの官僚制はグループに分けられている。強力だとされる官僚グループはグラン・コール（大官僚団）と呼ばれ、コンセイユ・デタ（国務院）官僚、財務監察官、会計検査官、がとりわけ有力とされる。こうした官僚団は、グラン・ゼコール（大学校）の成績優秀な卒業生からリクルートされる。もっとも有力なのは、シアスポ（政治学院）を経てENA（国立行政学院）を出ることであり、そのうえENAの成績五番以内でないとコンセイユ・デタ官僚にはなれないといわれる。そのほか、グラン・ゼコールにはエコール・ポリテクニーク（理工学校）や、エコール・ノルマール（高等師範学校）などもある。

グラン・コールに属する官僚たちは、所属する役所の定員が少ないこともあり、多くの場合さまざまな役所に配属されるが、もっとも有力なのは各省庁のキャビネ（官房）である。フランスの省庁は官房と各局という単位に分かれる。フランスは組閣のたびに省庁再編が起こるといわれるが、局を束ねて官房を付ければ役所になり、局の自律性は高いが、その組み合わせはさまざまであり、各局と官房の間には壁がある。

官房に配属されるエリート官僚は、政治的任命の色彩が強い。すなわち大臣は信頼できる官僚（多くの場合、大臣が官僚であったときの部下など）を官房長とする。事務次官のいないフランスの役所では、この官房長がその省庁の官僚のトップといってもよい地位を占める。官房長は自分の息のかかった役人を集め、官房を構成する。新規施策や法案などは、大臣に近い官房で作成されるのが通例であり、その点で、政治家が関係するところでは、官房のコントロールをもとに、政治的統制が果たされている。

一方で、こうした有力グラン・コールに属する官僚のほかに、各省庁の各局で専門的能力を蓄えている官僚も存在する。

各局の官僚は、局内で昇進することが多く、局長も自由任用の建前ではあるが、大臣が替わっても留任することが多く、政治的任用とは色彩を異にする。その点で政策の立案に際しては政治的統制が強く、政策実施の場面に近い各局では統制が弱いというかたちでバランスが取られている。

内閣が交代、あるいは大臣が辞任する場合、官房の官僚は職を失う。ただフランスの高級官僚は、役職を退いても官吏の身分は保持しており、一定の俸給を受け取る権利を持つので、失職するわけではない。またグラン・コール内部では、政治的傾向・人脈による対立はあるものの、同期の和といった連帯意識もあり、失職した官僚に、国営企業の経営職や、それほど政治的でない官職が世話されることも多い。

フランスの官僚は、政治的に重要なポジションに登用されるかどうかでは政治的任命の側面が強いが、官僚の身分保障がある点で、アメリカのような猟官制的色彩はない。官僚になれるのは、官僚の身分を持っている者だけだからである。むしろそうした官僚を経験しながら、グラン・コールに属する官僚の多くが、政界進出、あるいは企業経営者に転身する。もちろん、官僚としてキャリアを順調にこなして昇進し、たとえば国務院の頂点をきわめる官僚もいる。フランスにおける高級官僚の特権性には特徴があるが、これは政治的統制と無関係ではないのである。

ドイツ——市民としての官僚と連邦制

ドイツでは、プロイセン官僚制以来の特権的官僚制の伝統が存在したが、敗戦と直接占領により、いったん解体された。西ドイツ政府が成立すると、官僚制も復活するが、連邦制の原則が貫かれることにより、連邦政府の官僚は少なく、企画立案中心の職務で、利権と距離がある。

また戦前の特権的官僚制度についての反省から、「市民としての官僚」が強調され、官僚による政治的活動の保障といった意外な措置もとられた。官僚のなかには政党所属を隠さない者もおり、政権政党の政治家と、直接の関係を持つ者も出てくる。もちろん、公式の指揮命令系統とは別であるが、非公式関係が大きな意味を持つことも少なくない。

それを象徴するのは、変換型のドイツ議会である。ドイツ議会は、与野党の妥協が図られつつ、議会審議を通じて法案が完成するため、非公開の委員会審議において、官僚がそれなりの役割を果たす。その場合、政治家とともに、実質的な意見を述べる官僚も少なくないとされる。ドイツの政官関係は、厳格に政治的中立を守ったり、政治的対立のなかで官僚の色分けが固定化するものとは違うのである。

しかし、こうした連邦レベルの政策は、多くの場合に州による実施を必要とし、分権的な障壁によって、官僚の政治性が腐敗に結びつくことが防がれている。また、ドイツの官僚も、官吏は厚い身分保障を受けており、政治的任命にみられるような不安定性を免れている。

このように、アメリカ、イギリス、フランス、ドイツの官僚制と政治家との関係は、国によってさまざまであり、官僚に対する政治家の統制を規範で否定する国はない。また実際、政治的統制を有効に機能させるため、さまざまな制度的装置が準備されているのである。

3　多数派民主政と比例代表民主政

優劣はあるのか

これまで政府部内の構成について、権力分立制と政官関係を通してみてきたが、社会との関係でみれば、代表制のあり方も重要である。これについて政治学では、多数派民主政と比例代表民主政の対比が行われている。

イギリスは議院内閣制を生み出した国であると同時に、二大政党を中心とした議会運営と、それを生み出す小選挙区制の国である。小選挙区制は、一つの選挙区から一人の当選者しか出さない選挙制であり、選挙区単位では多数派が代表を独占する勝者総取り的な性格を持つ(もちろん特定政党にしてみれば勝つ選挙区もあれば、負ける選挙区もある。全体としてすべての議席が第一党にいくわけではない)。そのためこうした制度をもとにする民主政を多数派民主政と呼ぶことがある。

議院内閣制、民主政のモデルとなった国であるため、欧米でもイギリス・モデルの規範的な意味は強い。英連邦諸国のように直接、イギリスの制度を模倣した国だけではなく、反発して違う政治制度を打ち立てたアメリカでも、小選挙区制をもとにした多数派民主政が根付いている。

とりわけイギリスにおいては、小選挙区制という選挙制度の上に、集権化された組織政党である二大政党が存在し、政府の構造も首相を中心とした集権的なものなので、権力核が明確である。そのため少数派との妥協のチャンネルが弱い。戦間期から続く保守党、労働党の二大政党制は、それぞれの利益を代表しながら、政権交代が起こっているため、取り残された階級はないようにみえるが、そうではない。実際は自由党系の政党が一定の得票数を獲得しながら、ほとんど議席を得ることができず、常に政権から排除されている。これは保守党と労働党が、それぞれ確実に議席を確保できる地域を持っているのに対して、自由党などは全国的に票を取っているためである。

こうした制度は、社会のなかで深刻な対立や、無視できない少数派が集中して存在する場合には、大きな問題をもたらす。何度選挙をしても、決して政権を獲得できない集団が存在し、それがほかの集団と融和できない場合、選挙の正統性や国民統合に疑問が生じたりするからである。

たとえばオランダでは、かつては宗教、階級などをもとに、数多くの政党が存在したが、それぞれの政党の支持はきわめて強固で、支持者も互いに交わらず、「柱」と呼ばれるように、社会全体が各集団に分かれてモザイク的な政治状況であった。そこで大きな支持変動が起こり得ず、選挙制度も比例代表制を採用し、それぞれの政党が存続できるように配慮された。そのため、議会の多数派の構成も複雑で、連立を組まなければ政権が成立しないだけではなく、可能な政党の組み合わせも数多く、複雑な連立交渉の末、政権が誕生するのが通例であった。総選挙後、新政権が発足するまで一ヵ月以上かかる場合もあった。

こうした状況は、イギリス・モデルを正統だと考えれば変則である。だがしっかりと政権が運営されているのであれば、それも一つのモデルになると考えられる。これが多極共存（コンソシエーショナル）民主政論であり、むしろこちらの民主政のほうが望ましいという主張も多い。

このような考え方の相違は、選挙制度の選択に直結する。小選挙区制は、先に述べたように議会での二大政党制をもたらしやすく（政党がそれ以外に存在しないというわけではない）、多数派民主政を導く手段となる。それに対して比例代表制は、多党制をもたらし比例代表（少数派保証型）民主政になる。しかし、どこの国でも選挙制度を変えれば、こうした結果になるわけではない。

むしろ政党の基盤となる社会構造によって、政党のあり方は大きく規定され、選挙制度はそれに合わせて採用されている。とりわけ、社会的に成立した集団が、それぞれ排他的に並立しているかつてのオランダのような場合、比較第一党はごく少数の支持しか持たないから、そうした政党が議席を独占することは正当化しにくい。

社会における集団を固定化する分かれ目、つまり社会的分界線（ソーシャル・クリーピッジ）が強固な国では、比例代表制しか選択がないともいえる。また、地域対立が明確で固定化している場合、小選挙区制を採用しても、地域代表が固定的に選ばれるだけで、選挙が政党支持あるいは政権に関する支持の変動を反映するものにはならない。多数派民主政か比例代表民主政かは、必ずしも選択の問題ではなく、社会的状況の関数なのである。

日本の選択

二つの民主政の優劣の評価以上に重要なのは、ある程度の間隔で政権交代が起こっているか、政権を選挙で選ぶことができるかという問題である。

政権交代は難しい問題である。長期にわたって選挙による政権交代が起こっていないとき、それは何か不正があって民主政が機能していないためではないかという疑いが持たれるのも当然である。しかし、優れた政党が常に成功し続けることが悪いのかという反論もあり得る。その当否の判断は容易ではない。しかし、少なくとも政権交代の可能性が常に開かれていなければならないという点は、容易に肯定することができよう。

日本政治において、もっとも基底的な問題は、この政権交代可能な民主政はどうすれば可能かである。戦後政治は一九五五年以来ほとんどの期間で自由民主党が政権を担ってきた。例外である細川護熙内閣は、選挙前連合ではなく、選挙後の状況を前提に、連立交渉によって成立した内閣である。典型的な選挙による政権交代ではない。

もちろん、比例代表民主政の考え方によれば、細川政権などのように連立交渉によって、政権が成立するのは問題ではない。むしろ問題は、自民党が圧倒的に強いなかで、選挙でそれを凌ぐ可能性が、中選挙区制時代の政党システムにはなかったことである。その意味で、政権交代可能な民主政は、一般論として比例代表制においても可能ではあるが、強い政権党が継続して政権を握っている場合、強い野党をつくるために、小選挙区制の持つ二大政党制的傾向を利用するのも一つの方法である。

一九九四年の公職選挙法改正による選挙制度改革は、このような考え方に則《のっと》ったものである。なにより政権交代可能な民主政を支える政党システムとそれに相応しい政党組織を制度改革によってつくり出そうという試みであった。その具体的な意味については次章で述べるが、こうした制度選択は白紙で行われるのではなく、過去の経緯の上に、現実の課題に応じて選ばれるべきであることは確認しておきたい。

第6章　議院内閣制の確立

1　日本の政治に何が欠けていたか

戦後日本の政府構造

議院内閣制の日本的特徴は、どういう意味を持っているのか。たとえば「イギリスとは違う運用がなされている」というだけでは、問題を指摘したことにはならない。イギリスにおける議院内閣制だけが政治のあるべき姿ではないからである。また「選挙による政権交代がないから民主政治ではない」と決めつけるわけにもいかない。民主政のもとで、有効な政治的競争があっても、結果として政権交代にいたらない状況も想定されるからである。問題は、議院内閣制かどうか、民主政かどうかではなく、より具体的なところにある。

戦後日本政治の特徴が十二分に発揮されていたのは一九八〇年代半ばであった。戦後改革で民主政が正統化され、高度成長期に制度化が進んで、日本型の民主政が形成された。それが全面的に開花したのが石油危機を乗り切り、「ジャパン・アズ・ナンバー・ワン」といわれ、日本政治の仕組みが全面的に肯定されていた八〇年代である。その頃の日本政治研究は、反近代主義的な時代思潮の影響も受け、他国とは違う日本独自の民主政が、機能的には普遍的な価値を持っていることを例証しようと努めていた。

政党政治における「一党優位制」という専門用語は、「自民党一党支配」「一党独裁制」というそれまでの批判的用語による否定的な印象のあった日本の政党政治を、民主政の一類型であり、さらに優れた実績を達成できる政治体制だとする転換をもたらした。官僚の優れた政策運営能力を賞賛する著作も多く、政治家もそれに劣らず活発な活動をしているという「政高官低」現象が「発見された」のも同時期であり、それらを総合して日本型多元主義論が展開されたのである。

だがこうした議論は、日本政治に対する見方を深化させたものの、政治家優位、自民党の支配的地位といった権力配置に関する命題を問題にしただけで発展性が少なかった。政府構造の運用は多面的であり、重層構造をなして全体として機能しているのであって、物事を無理に単純化しても、得るところが少ないからである。また、それがもたらす政府活動の質も問われるべきである。

前章までの議論を総合すると、戦後日本の政府構造は、全体として擬似的な議院内閣制として機能してきた。たしかに内閣の運用だけをみていれば、官僚内閣制的な慣行が確立しており、「官僚優位」を指摘することもできる。しかし、それは政府・与党二元体制を前提としており、政治家と官僚が渾然《こんぜん》一体となって政策形成を行っていたのである。個別の対面関係では、民主的正統性を持つ政治家は官僚よりも優位に立っており、官僚も表向きは政治家の顔を立てるから、政治家優位現象を観察することは容易である。この両者が相まって、議会の多数派の意向が政治の基本線を決める議院内閣制の機能が果たされてきた。

ただ、政党の凝集力が弱く、有権者の意向を集約し、政治が政策を抽象的に定立する機能を果たしにくい面があった。これについては、省庁代表制という迂回路《うかい》があり、官僚制の組織原理を利用して社会的利益を集約することで、政党の民意集約機能が代替されていた。

また選挙によって政権政党が交代するという改革の契機を欠いているため、自己改革努力のための装置が工夫された。官僚制は、審議会という仕組みを使って、専門家や社会的威信を持つ人物の権威を利用しつつ、政策の方針転換を模索した。また自民党は、派閥抗争による総裁＝首相の交代を擬似政権交代として、有権者にカタルシスを提供していた。しかも五五年体制における国会での駆け引きは、野党勢力にも一定の政策的分け前を与えることを日常化した。このことは、与党によっては代表され得ない政策が、政権交代抜きに実現する可能性が開かれていたことを意味する。

このように、部分的には特異なようにみえても、戦後の日本政治には、ほかの議院内閣制諸国に匹敵する政治的実績があり、全体としては「よくやっている」という評価を得て当然であった。日本の政治がどんなに特異であっても、そのことを批判するのは無意味である。

しかし、特定の環境によってはうまく機能した仕組みが、別の環境では機能不全を起こすこともある。

一九九〇年代以降、日本政治の機能不全が明らかになり、さまざまな改革の努力が重ねられながら、なかなか成果が上がらなかったのも、「成功したシステム」を、別のシステムへ移行させるのが難しかったからである。まず機能不全の要因について共通認識がなかなか生まれなかった。そして最盛期にみえた一九八〇年代、戦後日本の政治システムは、すでにその存在理由を失いながら、逆に全力稼働することによって傷口を広げたのである。

問題は、特定部分の欠陥によって機能不全が起こっているのではなく、政治システムの構成自体に問題がある点にあった。いいかえれば、民主政の不足、政治家の能力不足といったことよりも、民主政の機能の仕方、政治家の活動方向などに問題があったのである。

「権力核」の不在

では戦後日本の政治構造の問題はどこにあるのか。とりあえず大きく三つの問題を指摘することができる。

第一は政治の方向を決める「権力核」の不在である。官僚内閣制では、各省各局各課の分担を通して積み上げ式で政策がかたちづくられる。もちろん「総合調整」が図られるが、全体的な方向性の判断は難しい。そのうえ、与党議員は官僚制から独立しておらず、各省庁と密接な関係を持つ族議員も多いから、与党議員の介入は割拠性を強化する側面がある。その意味で、制度上の権力と、実質的な権力が乖離するばかりではなく、実質的な権力の所在が不明であり、広く権力が政府部内に拡散する結果、政府活動の意識的な制御が難しくなる。

こうした状況でも、部分最適な決定を積み上げていけば全体的な最適性が達成されるという状況、たとえば高度成長期におけるように、新規政策の需要が旺盛《おうせい》であるとともに、その方向性に一定の合意があり、政策に投入される資源が増え続けているときには、日本型の擬似的議院内閣制は、きわめて良好に機能した。

しかし、既存政策の廃止であるとか方針転換、分野横断的対策の必要性、トレード・オフが避けられない政策選択などの課題に直面すると、機能不全が明確になる。改革という言葉はあふれたが、何をどう改革するのか論理的に整理することができなかったのである。行政各部局から、さまざまな改革らしき政策が提案されたが、目的と手段との関係がうまく整理されず、小出しで、成果が上がらないものも多かった。そこで強力なリーダーシップへの期待が高まったが、問題が政府構造にあるために、政治家個人の力ではいかんともしがたかった。

要するに、政策を総合化し、社会をどこに導くのかを明確にして、トレード・オフのある政策のうち一方を選ぶ決断を下せる権力核がなければ、大きな改革は不可能である。求められているのは、この権力核であった。

だが、強力な権力核ができるだけでは目的は達成できない。それが暴走する危険性もあるし、何よりも権力核が民主的な基盤を持たなければ、成熟した民主政のなかで、本当の意味で有効な権力は発揮できないからである。

民主的統制と首尾一貫性の不在

そこで第二に、権力核の民主的統制の強化が課題となる。その問題の中核を占めるのが、選挙による政権選択の問題であった。政権交代がないからといって、民主政が機能していないと決めつけるべきでないが、それには条件がある。有権者が政権交代を選ぶ状況が常に満たされることである。たとえば衆議院総選挙で、野党第一党が全議席の過半数を超える候補を立てないことは、野党連合政権構想とそれを支える選挙協力がない限り、政権選択の機会が開かれていないことを意味する。ところが、自民党政権が長期化するとともに、選挙による政権交代を可能とするこれらの条件は、満たされなくなる。そして、それを前提に、自民党内における短い総裁任期が首相の早期退陣をもたらし、派閥の合従連衡《がっしょうれんこう》による総裁選びが繰り返され、総選挙とあまり関係なく、日本の首相は次々と交代していった。中選挙区制のもとで、有権者は衆議院議員を選ぶことはできても、首相あるいは政権政党を選択することはできなかったのである。

それゆえ成立した政権は、世論調査による内閣支持率によって人気があるか、不人気であるかは推定されたが、明確に有権者による負託を受ける機会を逃していた。総選挙において自民党が議席を伸ばすか、減らすかはたしかに有権者の動向を知る重要な機会であった。だが総選挙によって、政権が「選択」されたわけではなかった。せいぜい与えられた政権に対して意見表明するのが有権者の総選挙における政権とのかかわりであったのである。

そして政権交代の不在を補う、省庁代表制や、野党への融和的態度、与党内における公然たる政策対立の継続などの要素は、政権選択選挙の実現を妨げる要因にもなった。選挙のたびに自民党は、「政策の継続性」と「野党の実績のなさ」を訴えたが、文字通り受け止めれば、政権交代それ自体が起こるべきでないことになる。そして、こうした考え方が広く受け容れられるなら、政治的競争が公平だとはいえなくなる。

このように、明確な民意による負託抜きで成立した多くの政権では、発足後に審議会を設置するなど、時間をかけて政策課題を探った。ここには、有権者の政策的なマンデート（明確な負託）を受けた政府という観念は稀薄である。

そこで、関連する第三の問題として、政策の首尾一貫性の確保の難しさが浮上する。政策課題は、政府内の各所で検討されており、それぞれ調整されるために、政府全体として何をめざしているのかが不明確になりがちであった。あるいは「作文」として政府の方針が示されても、どのようなかたちで各論の政策課題に落とし込むのか政治手順が不明確であった。そして多くの場合、調整を経るうちに当初の目的や意気込みは失われるのが通常であった。

このようななかで「改革」を推進しようとしても、その規模が大きくなればなるほど、関係する分野が多くなればなるほど、改革に必要な時間が長くなればなるほど、何のために改革しているのかが忘れられていく。掛け声だけは聞こえるが、実質がない事態が繰り返されて、逆説的だが「改革を阻止するためには、改革をすると公言しながら、その実行を遅らせるのがもっとも効果的だ」とみえるような事態に陥ってしまうのである。

2　議院内閣制をどのように作動させるか

求められる政権選択選挙

では、どのようにすれば、こうした問題点を解消し、政治システムを機能不全から救い、新たな段階に移行させることができるのか。政治制度を含む政治システムは、白紙のうえに自由に構想できるようなものではない。既存の政治文化や政治意識の制約を前提に、有効な転換点を見つけ出し、それに沿った制度改革を積み重ねることが求められる。

戦後日本の政治は、議院内閣制の持つ特質を生かすことなく、独自に変形して使ってきたが、議院内閣制の本来の機能を活用することもできるはずである。たとえば権力分立を強調する大統領制に比べれば、議院内閣制は一元代表制であり、権力核も明確であるうえに、民主的統制の経路も明確である。それらが欠けているのであるから、そうした議院内閣制の特性を生かす改革が必要であろう。

その場合の鍵となるのは、衆議院総選挙における政権選択選挙の実現と、内閣総理大臣（首相）の強化である。衆議院総選挙において、有権者が政権政党・政権政党連合と、首相候補、政権公約の三つを同時に選ぶことで、大きく促進される。そこで、民主制の基本である選挙制度改革を出発点に、政党、内閣の運営、国会、政官関係の改革、政策決定過程の合理化などを積み重ねることが求められる。

まず選挙においては、有権者が政党あるいは政党の枠組みを選ぶことが可能でなければならない。先に述べたように、一九九四年の選挙制度改革によって衆議院議席の六割に小選挙区制が導入された。それぞれの選挙区で一人の当選者を出す小選挙区制は、野党勢力の協力・統合を促すことで、政権選択選挙の実現のために大きな意味を持った。

次に、政党あるいは政党連合が選択される選挙制度が定着するには、政権選択が政党と連動することを示す必要がある。これは、政権をめざす政党があらかじめ首相候補を提示し、単独にせよ連立にせよ、首相候補を象徴的存在として、政権の姿を示すことになる。

さらに、その政権の方針を衆議院総選挙の際に政権公約（マニフェスト）として掲げ、政権が遂行する政策の大枠を示すことが求められる。政権選択が、単なる白紙委任にならないために、有権者と政党との契約がなされる必要があるのだ。それには、民意の動向を考慮して、草の根の党員や支持者も含めて、党の基本方針についての議論を行う民意集約プロセスが不可欠となる。つまり個別具体的な利益媒介要求を、政策体系に抽象化するための、政党の実質が問われるのである。

こうして政党が主体となって、政権公約を衆議院総選挙前に練り上げることができれば、総選挙において政党・首相候補・政策の三点をセットで選ぶことが可能となり、権力核の民主的統制の基盤ができるのである。

首相の地位向上

衆議院総選挙で三点セットが選ばれることとは、同時に総選挙で信託を受けた首相の地位を向上させる。また選挙において、候補者個人の魅力以上に政党支持率や政権支持率の影響が強まると、政党の凝集力（求心力）が高まり、党幹部の人事的・政策的な指導力が向上する。これは、通常、首相の実質的な権力の増大につながる。

そうなると、これまで「空虚な中心」であった内閣や首相の補佐機構を強化する必要が出てくる。官僚内閣制が本来的な議院内閣制へ移行し、さらに首相中心の議院内閣制へと変化すれば、首相と国務大臣との関係は、同輩的色彩から上下関係の色彩が強いものに変化する。首相を支える補佐機構を充実させなければ、政策的な指示が出せないし、調整を要する案件をこなせないから、内閣官房の強化が課題となる。また各国務大臣も、それぞれ独自の政策的判断をしていくことになり、直接補佐する機構が必要となる。内閣レベルでの調整が増えれば、それを支える仕組みが必要とされ、各省のなかで、国務大臣のために調整を担う組織も求められる。

首相主導の内閣制が機能しはじめると、与党との関係も見直さざるを得ず、内閣と与党の一元化の問題が出てくる。このとき、首相の権力が強化された以上、与党中心ではなく政府中心に両者が連結されることになる。有力な与党政治家が、内閣で枢要な地位を占めれば、与党が政権党としての実質を備えることにつながる。与党の政策審議機関も、各国務大臣が、副大臣などを使ってその連絡・調整を行う舞台となる必要がある。こうした改革を経て、政府の上層部を与党幹部が占め、内閣を通じて、行政機構と政権党議員とが結びつけられるのである。

参議院という課題

内閣が議院内閣制本来の求心力を持つようになると、国会運営も変化せざるを得ない。衆議院総選挙で政権をめぐって激しい戦いを行っている政権党と反対党は、国会審議でも対決色を強める。その結果、アリーナ型の議会となって、政権党は、政権提出法案を成立させるために、多数決に頼るようになり、五五年体制型の与野党協調は成立しづらくなる。野党の抵抗によって法案の成立が遅れることは、政権交代の可能性が高まれば高まるほど、起こりにくくなるのである。

また、衆議院総選挙が政権をめぐる戦いになることは、議院内閣制が、いわば「衆議院内閣制」となることを意味する。そこで、強大な憲法上の権限を持つ参議院と、衆議院の関係が問題となる。民主政の原理を積極的に認めるならば、政権の成立基盤を侵さないよう、参議院は自己抑制を心がけるしかない。

人によっては、内閣が衆参両院に基盤を置くと主張する場合もある。だがその場合には、民意が二つのかたちで表出されることになり、政権の性格は曖昧になる。ほかに、衆参の対立を両者の妥協によって解決する方法もあるが、その場合には政権公約を否定する効果が出てくる。この二つは、直接的な有権者の支持を重視する現在の政治の流れからは、受け容れがたいものである。仮に参議院が強烈な自己主張、たとえば郵政民営化法案の否決など、政権基盤の否定に類する行動をとれば、政治過程の合理化という観点から、参議院無用論が出てこざるを得なくなる。

議院内閣制と二院制は、各国の経験からも、一定の緊張関係があり、この問題は、日本国憲法の弱点の一つである。この点については、次章で再び議論する。

さて、内閣の姿として議院内閣制が確立すると、当然ながら官僚が政府の主体ではなくなる。政策の責任が、大臣など与党から政府に入った政治家であることが明確となれば、法制度が本来予定したように、官僚はその補助者になる。逆にそのことによって、大臣の権力と責任が一致する。当然ながら、そのような責務に耐えられない政治家は大臣に就任することはできなくなるし、職務遂行上、頻繁な大臣交代は好ましくない。一年程度でほとんどの大臣が交代する内閣改造の慣行は修正される必要がある。また官僚は逆に、政策に関する専門知識を生かして、大臣にとるべき手段を示す役割を果たすとともに、政策実施に関しては政治的介入を廃して、より効率的な実施に努める責務を負う。いままでのように、政治家の代わりに官僚が政治的な根回しを行う反面、政策実施に政治家が口出しをするような政官の融合状況は是正される必要が出てくる。

このように必要な改革は多岐にわたる。ただ一つの改革で代替することはできない。改革には時間もかかるし、現状に合わせた柔軟な修正も必要とされる。そして実のところ、一九八九年以来の日本の政治は、こうしたシステム転換の真っ只中《ただなか》にあった。過渡期においては、改革の成果はまだ現れず、混乱ばかりが目について、まるで改革が事態を悪化させているようにみえたが、小泉政権の成立以降、次第に改革の成果が目にみえるようになった。次節では、その過程を振り返ってみたい。

3　政治・行政改革による近年の構造変化

リクルート事件からの道程

政治改革という言葉は、一般名詞でもあるが、現代日本政治の文脈では、一九八九年にはじまる、衆議院の選挙制度改革を中核に据えた政治運動を指す。きっかけは、一九八八年、当時の竹下登内閣が、懸案であった消費税導入の法案を成立させると同時に、「リクルート事件」が発生したことであった。閣僚を含む多くの政治家が批判にさらされ、汚職事件として逮捕者が出るなか、内閣支持率が異様に低下し、一九八九年春の消費税実施後、竹下内閣は退陣に追い込まれる。竹下首相の卓越した調整手法によって、政界などエリート層の支持を受けて、消費税は導入されたものの、新税導入に一般有権者が置き去りにされた感覚を持ち、リクルート事件は強い批判を生み出す。

退陣する竹下首相は、自民党総裁として政治改革に関する検討を求め、後藤田正晴委員長を中心とする自民党政治改革委員会が、「自民党政治改革大綱」をまとめた。その内容は広範囲にわたり、選挙制度改革から政治資金改革にとどまらず、国会改革や党改革にまで、さまざまな改革案が整理されていた。

このとき、まず問題になったのが選挙制度改革である。リクルート事件という贈収賄疑惑が発端となったように、政治とカネの問題が、一般に政治改革の焦点とされていた。しかし、画期的だったのは、政治とカネの問題を解決するためには、政治資金規制などの直接的手段だけではだめで、政治のあり方を変えなければという問題意識が生まれたことであった。そして、中選挙区制による「人」を選ぶ選挙が槍玉に挙がる。

中選挙区制選挙では、政権や政党の選択よりも、候補者の選択が問題となる。そのため、とりわけ同じ政党の他の候補者と違いを出しにくい候補者は、有権者への「サービス競争」に手を染めやすい。直接買収などは例外的だとしても、会合の費用や、はがきなど案内類の郵送代、後援会の旅行費、冠婚葬祭費などの出費は少なくなく、また、きめ細かい対応を行うための、秘書の人件費が巨額に上った。そうした資金需要を賄うため、派閥などを通じ、当選回数の少ない議員に資金を配分する必要があり、有力議員もカネ集めに苦労せざるを得なかった。その結果、筋のよくない資金が政界に流入していたのである。

以前であれば、政治とカネの問題は、政権中枢に遠い、独自の主張を貫く政治家が掲げるものであった。だがこのときは、最大派閥の竹下派を中心として、政権や与党の中枢部が、この問題を取り上げたところに新しさがあった。

ただ、政治家の基盤となる選挙制度の変更は、多くの国会議員が心のなかでは反対しており、実現は容易ではなかった。一九九一年には海部《かいふ》俊樹《としき》首相のもとで選挙制度改革法案が国会に提出されたが、国会対策のまずさもあって法案は成立せず、それをきっかけに海部首相は退陣に追い込まれた。しかし、選挙制度改革こそが抜本的な政治改革であるという考え方は広がっており、推進者には金丸信《かねまるしん》、小沢一郎という実力者がいたほか、一部の若手国会議員が情熱を燃やし続けたこともあって、選挙制度改革を求める動きは続いた。

竹下派が分裂し、自民党内情勢が流動化するなか、一九九三年に選挙制度改革案が与野党から提案された。この問題は日本の政治を二分する巨大争点となり、その対立が解けず、ついに自民党は分裂。衆議院総選挙に訴えても過半数を回復できなかった宮沢喜一内閣は退陣を余儀なくされ、非自民連立政権として、細川護煕内閣が一九九三年八月に成立した。

多くの政治改革論者は、選挙制度改革の変更後しばらくすれば、自民党が政権を手放す可能性が生まれると予想していたが、選挙制度改革前の政権交代劇は予想外であった。ただ、一般の有権者の間では、驚きとともに、かつてない熱狂的な政権支持をもたらすことになる。この細川内閣において作成された選挙制度改革法案は、一部の参議院与党議員の造反に遭って、参議院で否決され、頓挫するかにみえたが、与野党の歩み寄りによって一九九四年一月に妥協が成立した。小選挙区制に比例代表選挙区を加える、いわゆる小選挙区比例代表並立制というかたちで、衆議院の選挙制度が変更されたのである。この制度では、当時の全議席五〇〇のうち、三〇〇が小選挙区で、二〇〇が比例代表選挙区で選ばれる制度であり、完全小選挙区制ではないものの、小選挙区的傾向の強い制度であった。

選挙制度改革の効果

こうした選挙制度の導入は、大きな波及効果を持った。すでに導入前に、政治家の所属政党の移動による政権交代が起こっていたが、導入後も「政界再編」と呼ばれる、新政党の樹立や政党の連合関係の変更などが頻繁に起こることになり、日本政治の様相を一変させた。そして、小選挙区制の直接的効果として、小選挙区で自民党に対抗するために、野党の統合をめざす動きが根強く続くことになった。

細川内閣退陣後、少数与党政権として短命に終わった羽田孜《はたつとむ》内閣を倒し、自民党と社会党にさきがけを加えた村山富市《とみいち》内閣が成立したが、それに対抗して羽田内閣の与党を中核とする新進党が結成された。そして橋本内閣成立後の一九九六年一〇月の衆議院総選挙では、選挙直前に結成された（旧）民主党の問題はあるものの、橋本龍太郎首相率いる自民党と、小沢一郎党首率いる新進党の二大政党間の対立が基軸となり、かたちのうえでは政権選択選挙の様相を示した。

ただし、この選挙に敗北した後、新進党は党内の統一性を維持できず、一九九七年一二月には解党してしまった。政権交代可能な選挙制度という観点からすれば、頻繁な政界再編劇は、選挙の支持構造を流動化させ、選挙における選択肢を維持し続けるのを難しくするという逆説的な現象も引き起こしたのである。

もっとも、小選挙区制の影響は強く、新進党解体後に生まれた諸政党の多くが民主党と合併して、一九九八年の春には（新）民主党が発足した。一九九八年七月の参議院選挙では、結成直後の民主党が大幅に議席を伸ばし、自民党は参議院における過半数議席を失って、橋本首相は退陣を余儀なくされた。

後継の小渕恵三《おぶちけいぞう》首相は、当初、野党案を「丸呑み」することによって時間をかせいだあと、自由党や公明党との連立によって、多数確保に動く。小選挙区制の効果である二大勢力化が、選挙制度改革のなかった参議院でも進行するのは皮肉な結果であった。

そして自民党に対抗する野党第一党に野党勢力が集約される動きは続く。小渕自自連立政権に参加するなど紆余曲折《うよきょくせつ》を経た小沢党首の自由党が、二〇〇三年秋の衆議院総選挙を前に民主党に合流し、総議席における大政党の比率は高まっていく。

首相候補と選挙公約

選挙制度改革後二回目の衆議院総選挙は、森喜朗《よしろう》内閣における二〇〇〇年六月に行われた。すでに自民党と公明党に保守党を加えた連立内閣が発足しており、自民党にとっては議席を少々減らしても、政権自体は維持できるという状況になった。ここで注目すべきは、選挙前に自民党と公明党が、連立政権を継続することを表明し、統一首相候補として、森首相を担いだことである。選挙結果によって連立を組み替え、エリート間の妥協を指向する政治ではなく、選挙前に連立の枠組みを示すという有権者の選択肢を明確にする政治が定着しはじめたのであった。

しかし森内閣の不人気は、次の参議院選挙の敗北から、衆議院総選挙に追い込まれ、政権を失うことを予期させ、自民党内に不安が渦巻いた。低い内閣支持率が、自民党の基盤を掘り崩す状況に耐えかねた森首相は、二〇〇一年三月には退陣を表明する。これを受けた自民党総裁選挙で、事前には有力ではなかった小泉純一郎候補が一般党員、さらには党外の有権者の期待を集める存在に駆け上がり、四月二六日に小泉内閣が発足した。結局のところ、小選挙区制によって、政権を選ぶ感覚を身につけはじめた有権者にとって、自民党有力者の調整によって生まれた森首相の正統性は認めがたく、その反射的効果で、一般党員の支持以外に基盤のない小泉首相の人気が高騰したという図式であった。小泉首相の誕生にも、小選挙区制の影響がみて取れる。

高い支持率で発足し、政権を維持した小泉首相は、党内における支持基盤の弱さから勝利が危惧《きぐ》された二〇〇三年の自民党総裁選挙でも、その直後に衆議院の解散を予定すること、すなわち一般有権者の人気の高い首相を担ぐ必要性をつくり出すことで、再選を勝ち取った。この、二〇〇三年一一月の衆議院総選挙では、民主党が自由党と合併した効果などもあり、高い内閣支持率にもかかわらず議席を減らした小泉連立政権であるが、選挙の勝敗は連立政党が合計で過半数を取れるかに移っており、民主党の躍進にもかかわらず、小泉首相は政権を維持する。

このときに注目を集めたのが「マニフェスト・ブーム」である。地方政治において火がついたのち、民主党の菅直人《かんなおと》代表が、その活用を民主党の看板とすることで、国政レベルに持ち込まれた政権公約（マニフェスト）であるが、従来の選挙公約の曖昧性を批判し、政党レベル・政権レベルでの約束を強調するマニフェスト運動には、党内の意思集約に苦労する小泉首相の側にも利用価値があった。「小泉改革宣言」というかたちで自民党の政権公約は発表され、公明党の「マニフェスト」とともに、主要政党が政権公約を競う展開となった。小選挙区制における政権選択に政策が結びつけられ、政権選択選挙の定着はいっそう進んだのである。

次の二〇〇五年九月の衆議院総選挙は、郵政民営化関連法案の参議院における否決をきっかけとして、衆議院が解散される異例の展開ではじまった。造反議員に対立候補を立てる手法など、小泉首相率いる自民党優勢のうちに、与党で衆議院議席の三分の二以上を占め、自民党も三〇〇近い議席を獲得するという近来にない大勝利を、自民・公明の政権連合にもたらした。逆に民主党は激減し、これによって二大政党制は遠のいたという見方も出てきた。だが二大政党の議席占有率はわずかに上昇し、民主党の絶対得票率もそれなりに維持されている。情勢次第で、好ましい政権の枠組みを選ぶという有権者の行動が、たまたま政権側に大勝利をもたらしたと考えれば、解散にいたる経緯は議院内閣制らしくない展開であったものの、この衆議院総選挙自体は政権選択選挙としての小選挙区制の威力が、十二分に発揮された選挙といえるのである。

選挙による政権政党の交代という状況こそ実現していないが、政権選択という衆議院総選挙の機能は次第に定着している。しかも政治とカネの問題に関しても、政治資金規正法による規制強化や、政党助成制度の創設、選挙区の狭さなどが相まって、政治にかかる資金の絶対量が減少しつつある。摘発される汚職事件の規模も小さくなるなど、それなりの効果を上げているといえよう。

強化された首相の地位

ただし、政治改革は選挙制度改革を最大の原動力とするとしても、それにつきるわけではない。たとえば結節点としての首相の地位を強化する改革が必要となる。この問題に正面から取り組んだのが橋本内閣である。内閣機能強化と省庁再編を柱とする行政改革を推進し、首相自らが出席して行政改革の具体案作りを行った行政改革会議は、一九九七年から九八年という短い期間に、戦後長らく手が付けられなかった中央省庁の抜本改革案を答申し、それは二〇〇一年一月に実現した。

この首相の内閣における主導性の確認、内閣官房の強化、内閣府の創設など内閣機能全体の強化は、官僚内閣制的な制度理解を前提としている側面もあるものの、のちに首相が指導力を発揮する重要な基盤を提供する。また省庁再編により、省庁間調整が容易になり、省庁編成には首相といえども手を入れられないという固定観念を突き崩す。これは、内閣主導の行政体制を形成するうえで重要な意味を持った。

さらに小渕内閣で、副大臣・政務官制度が導入されたことは、政治家の責任領域の制度的拡大という文脈で、明確な権力核の形成に役立ちつつある。また政府委員制度の廃止によって、国会審議のあり方が変更されたことは、改革を国会改革や省庁内部の改革へと広げる意味を持つ。

その後、小泉首相は、従来の慣例を破る積極的な動きによって、一挙に首相主導の内閣体制を打ち立てることになった。まず組閣に際して、閣僚候補に関する派閥の推薦を受け付けず、首相の専権によって組閣を進めることで、首相への求心力が高まった。そのうえ大臣の任命に際して、首相指示を具体的に示した紙を手渡すなど、政策的な一体性を確保する工夫もはじめた。また頻繁な内閣改造による大臣の短い任期を改め、主要閣僚の留任や横滑りを多用して、内閣の継続性・一体性の確保に努めた。政権後期には、副大臣・政務官人事に関しても、自民党内の調整システムを整備するとともに、任命に際して大臣の意向を確かめるなど、大臣チームの一体性を強化する動きもあった。

また経済財政諮問会議を重用し、重要な政策課題に関して首相の前で閣僚が議論を行い、最後に首相が裁断を下すなど、閣議の実質的な活性化を図る。これによって多様な改革課題を首相のもとで確認・調整する仕組みをつくり上げた。この会議では、閣僚以外に財界人や経済学者などの「民間議員」が活躍したが、これは各省庁以外からの入力経路を設けることで、事前調整によらない意見交換・交渉を可能としたことと、首相の分身として舞台回しを務めることのできる参加者ができたという意味があった。いずれにせよ、経済財政諮問会議の発展も、首相主導の内閣運営という大枠のなかでの出来事である。

変わる政官関係

首相主導の内閣運営が強化された背景には政官関係の変容もある。一九九三年の細川内閣の成立は、自民党長期政権を前提として行動していた官僚制にも大きな衝撃を与えた。しかも非自民政権に協力した官僚を、その後政権に復帰した自民党の政治家が敵視したこともあり、従来のような自民党と官僚制との密接な関係は破壊された。とりわけ、大蔵省の官僚に対する自民党政治家の複雑な感情が、これを機に「大蔵憎し」という思いに転化した例があり、中枢部から関係が不安定化した。

そのうえ、バブル経済崩壊後の経済運営における省庁の対応のまずさと、一九九〇年代半ばの官僚スキャンダルの続発は、官僚が持っていた威信を一挙に低下させた。橋本行革も、これらを背景に、政治的指導力が発揮されたという側面もある。しかも継続的に行われた規制緩和と官業縮小は、民間企業などと官僚制との関係も徐々に変化させた。業界や分野によって大きな差があるものの、次第に民間セクターが政府から自立し、官僚の統制に服さない傾向を示してくるため、官僚が、省庁代表制つまり特定分野の代表者として振る舞うことが難しくなってきたのである。

それを反映して、政治家も官僚との密接な関係を誇示することに利益がなくなり、むしろ行政改革など、官僚制に厳しい態度を示すほうが政治的に有利な場面も出てくる。そこで族議員などの政治家主導か、首相を中心とする内閣主導かという問題が出てくるが、小泉首相が自民党内の「抵抗勢力」に勝利したことは、この問題が内閣主導のもとで解決したことを意味し、官僚制にも大きな影響をもたらした。

つまり、首相の手元で政策を決定し、場合によっては立案することが、大きな意味を持つようになり、そうした場面で補佐機能を発揮する官僚へ、省庁に陣取る官僚から実質的な権力が移行する現象がみられたのである。言い方を変えれば、「内閣官僚」ともいうべき、内閣官房や内閣府の特定部局の官僚の権勢が高まったのである。そこでは首相との距離が、官僚としての「働きがい」を決める要素になってくる。こうした点でも、官僚内閣制的原理は失われていく。

さらに、二〇〇〇年に実現した地方分権一括法による地方自治体の自立は、中央省庁官僚の実質的な権力を大きく制約しはじめる。かつて一般的だった地方自治体を手足として自由に使う側面が、まったくなくなったわけではないが、地方側の選択の契機が強まると、中央省庁官僚のあり方も変わらざるを得なくなる。しかも一部の地方自治体では、積極的な行政改革が進み、職員の能力開発が一挙に進みはじめる。こうなるとむしろ中央省庁の官僚は、地方自治体職員との競争にもさらされるようになる。しかも自治体職員は、第一線の政策実施を担っているため、現場の事情を通じて、政策の実際を深く理解するだけに、中央省庁の官僚が机上の学問で対抗することは難しくなっていた。

こうして官僚による自己完結的な官僚内閣制的な運営は、次第に難しくなり、首相主導の確立とともに、一般的な議院内閣制的な運用側面が、小泉内閣のもとで大きく進展したのである。

崩れはじめた政府・与党二元体制

また、政府・与党二元体制に関しても変化がみられる。連立内閣の一般化は、それまでの与党内調整に加え、与党間調整を含むため、調整を複雑化させ、一時的に政府・与党二元体制を強化することになった。しかも次第に与党間調整の手法が確立すると、官僚制による調整（根回し）も緻密なものとなり、時を追うに従って、政府・与党二元体制は、むしろ深化する傾向すら示していた。

しかし小泉内閣の成立により、小泉首相と「抵抗勢力」との対立に注目が集まると、政府・与党二元体制の問題点が鮮明に理解されるようになる。与党側から「議院内閣制なのだから、与党の意向を聞くべきだ」という声が上がり、むしろ小泉流の「大統領制的手法」に反発する動きが出てきたのである。もちろんこれは誤解である。与党が内閣と関係なく存在するのなら、大統領制的な運営となるが、議院内閣制のもとでは、両者の大筋における一致を前提として調整されるはずで、調整不能な対立を政府・与党間に抱えていることが問題であった。しかし対立が続くうちに、情勢は小泉首相側に有利に展開した。与党内部にも小泉首相へ積極的に協力する動きが出てきて、小泉首相と対立する「抵抗勢力」は、次第に自民党内の一部に限定されるようになる。

この対立の構図は、二〇〇五年初夏から夏にかけて、郵政民営化法案をめぐる国会審議で最高潮を迎えた。法案が八月八日に参議院で否決されたことを受けて、小泉首相は衆議院を解散し、衆議院における造反議員を公認せず、対立候補をそれらの議員の選挙区に擁立する。こうした情勢で、九月一一日の総選挙で自民党が大勝したことは、自民党の政党規律を著しく高める。この年の秋の臨時国会以降、それまでは反対が予想されたような案件でも、自民党内から異論が聞こえることは稀になり、矢継ぎ早にさまざまな改革が実現したからである。

もちろん、こうした状況は、強いられた沈黙によるものであり、広い合意形成に成功していないという疑問を持つことはできる。だがとりあえず、政府・与党二元体制の問題点は大幅に克服された。二〇〇六年の経済財政諮問会議に先立つ歳出歳入一体改革案作りに、自民党政調会が率先して取り組んだのは、この間における一体化の進展を示すものであった。

要するに、政治改革や行政改革に関して、一九九〇年代に営々と準備されてきた改革が、小泉内閣のもとで一斉に効果を現し、官僚内閣制、省庁代表制、政府・与党二元体制といった要素が変化して、政権交代可能な民主制の条件である政権選択選挙も、現実の政権交代という要素を除いては、大きく実現に向かったのである。

4　残された改革課題

継続的な改革とは

小泉改革によって、日本の議院内閣制は新たな段階に入った。だがそれがうまく作動するには、継続的な改革が必要である。小泉内閣の政治運営、なかでも二〇〇五年の衆議院総選挙は、政治改革のまだ「折り返し点」なのであって、場合によっては、一九八〇年代の状況に逆戻りする可能性もあった。たとえば、自民党が大勝を背景に、選挙制度を中選挙区制に戻して、次の選挙で揺り戻しがくるのを防ぐという党略もあるからである。

もっとも、政権を選択したいという有権者の欲求の高まりは無視できない。こうした選挙制度改革を行えば、強い反発を受けるだろう。また、権力核のはっきりしない政治に戻れば、依然として続く苦しい政策環境と、避けられない痛みをともなう改革の際に、政権が立ち往生するであろう。

これまでのところ、衆議院総選挙において、首相候補や党首のイメージが大きな力を持つようになり、また政党支持の高低が大きな意味を持つようになった。しかも選挙の際に、政権を視野に置く大政党は、いずれも政権公約（マニフェスト）を発表し、それらが配布されることで、有権者が政策の概要を知るのが容易になった。衆議院総選挙において、政権政党・政権政党連合との組み合わせ、首相候補、基本政策の三つがセットで提示され、政権選択選挙の要件が満たされたようにみえる。

しかし、たとえば政権公約は、選挙の際にだけ重要なのではない。選挙時の公約だけであれば、これまでも選挙公約は示されてきた。重要なのは、政権公約を準備し、選挙に勝利した場合に、それを実現するプロセスである。

その意味で、衆議院総選挙による衆議院議員の任期と、自民党総裁選規定による首相の実質的任期がずれていることは深刻な問題である。総選挙と関係なく首相が交代するのでは、政権選択の意味が半減する。両者が完全に一致しないまでも、それを意識した運用が必要であろう。そして実際、政権を取っている間は、よほどのことがない限り、首相を出している政党は、首相を交代させることを避ける運用方針を持っていたほうがよい。

政権公約の問題

衆議院総選挙における政権公約が、党内の十分な討論をふまえてつくられていないことも問題である。郵政解散に続く衆議院総選挙で自民党が大勝したため、首相が誰とも相談せず、独断で政策を決めていくのが首相主導であるかのような主張もある。だがこれは誤りである。政権政党は、いろいろな意見や利害を積極的に汲みとって、政策を形成すべきであり、有権者は、政党に自らの意見を持ち込んで、その政策に影響を与えようと働きかけるべきである。

だが議員の多様な意見の尊重を強調しすぎるのもよくない。たとえば、政権公約への反対論に、党内の意見は多様だから選挙前に方針など立てられないというものがある。しかし法案が準備されれば、それに対する意見は集約されて、党議拘束に持ち込まれるのが日本の政党の慣行であった。それならば、大枠についての合意をあらかじめ選挙前に行えるはずである。そうした民意の集約の頂点に、首相の決断が位置するべきなのである。

また、大枠から物事を決めていく方法が、総合性や一貫性の確保のためには必要であるし、政権公約は、むしろそうした政策形成を推進していかなければならない。
自民党や民主党といった大政党は、そうした議論を展開する仕組みの整備が急務である。両党とも、たとえば諸外国で政策討論の場として重視される党大会の運営は、一過性の華やかなイベントといった色彩が濃く、真剣な政策討議が何日にもわたって続けられる状況にない。しかし政権公約の重要性が高まれば、もっと真剣な討議の場が設けられるべきである。

また、連立政権を予定しているときには、連立政党間で、あらかじめ政権公約のすりあわせが行われることが望ましい。比例代表選挙のことを考えれば、連立を構成する政党が、すべて同じ政権公約を掲げる必要はない。しかし現実に、たとえば自民党と公明党のように、きわめて緊密な選挙協力を行っている場合、選挙協力に見合った政策のすりあわせを選挙前に行うことは必要なことである。

衆議院総選挙で政権党が選ばれ、政権公約を実現する局面になると、政権公約の法的な位置づけが重要になる。たとえば、政権公約の内容を展開して、閣議決定に持ち込むなど、政治的な公約を行政の文脈に落とし込む作業が必要になる。変換された政権公約が、行政各部局の重要課題になることで、政権公約は、行政府を運営する指針となってくる。衆議院総選挙における政策の選択は、それ自体として権力基盤となるから、政権公約は、政治家にとって、官僚を統制するための武器なのである。

この政権公約が評価されるべき時期がいずれくる。しばしば誤解されがちであるが、政権公約の達成度は、第三者が客観的に評価すればよいのではない。そうした評価も、最終的な評価の参考となるが、最終評価を下すのは有権者である。その参考意見として、当事者の自己評価も大切であるし、逆に競争相手の他政党からの評価も政治性を帯びるのは当然としても、評価の基準をつくるうえで重要な意味を持つ。

そして、政権公約を有権者が評価する次の衆議院総選挙を迎える。政権側はこれまでの政権公約の達成状況と、事態の改善実績、今後の見通しを掲げて選挙を戦う。政権をねらう反対党は、現政権の政策的方向性の「不当さ」と、政権公約の実行状況に示される政権運営の「不適切さ」を批判しつつ、自らの政権公約の優位性を訴えて戦う。こうしたことが比較されることで、政権あるいは政権公約が選ばれることになるのである。

従来の選挙公約との違い

このマニフェスト・サイクルの確立は一朝一夕にはできないが、それを定着させる努力が求められる。ただ、政権公約が重要になればなるほど、その中身が問われる。

政権公約が従来の公約と違うのは、「数値目標、財源、実行期限」の明記がある点だといわれる。たしかに従来型の曖昧な公約では、守られたかどうかも判然とせず、公約たり得ず、この言い方が間違っているわけではない。だが政権公約が重要なのは、その実現の道筋、評価基準が明確になっていることであり、それをはかる目安が、その政権公約に「数値目標、財源、実行期限」として盛り込まれていることなのである。

政権公約は政策の体系化を求める。個別バラバラな政策を、一定の考え方に沿って整理するからこそ、全体として整合性のある政策群が生まれる。それを実現する方向性がなければ、政権運営はちぐはぐなものとなってしまう。思いつきの政策を集めて、それぞれに数値目標、財源、実行期限を定めたとしても、それだけではよい政権公約にはならないのである。

一方で政策のなかには、政党間対立と関係のないものもある。政党が本気で対立しなければならないのは、政策のうちたいてい二割程度である。大半の政策は、政府の各部局で自律的に処理されるわけであるし、気づかなかった問題が発見されれば、先に気づいた政党が問題提起をし、それを他の政党が認めて取り込めばすむのである。すべての点で、政党とりわけ政権党と反対党が対立しなければならないわけではない。また、政党間競争の土台となる「ゲームのルール」にあたる問題は超党派的に処理されることが望ましい。

しかし、トレード・オフ関係にある政策など政治的な決断が必要とされる分野については、政党は積極的に選択肢を示すべきである。また選択肢は政党ごとに体系化されるのであるから、政党の意見が集約されれば、原則として所属の政治家はそれに従っていく必要がある。

政治家の信念が強調されるのは悪いことではない。だが政治家は自分のために行動しているのではなく、有権者の代表である。有権者の動向に即して、自らの判断を変えていく必要もある。そうしたぎりぎりの決断が積み重なって、有効な政策が生まれるのである。

新しい政党イメージの必要性

このように考えると、政治家が単に集まっただけでは、政党を構成するのは難しい。有権者のなかに幅広い裾野がなければ、さまざまな利益や意見を拾い上げられないからである。その裾野になる一般有権者が、積極的に政党に参加すべきで、諸利益や意見を政策へと転化するために、議論を繰り返して、政策を練っていくことが必要になる。諸外国の政党においても、こうした機能を十二分に発揮することができる政党や、そうした政党が現れる時期は限られている。

近年、二〇世紀の西欧で支配的であった硬い上意下達型の組織政党モデルの限界が露呈している。政党の機能不全が指摘されることが多い。そして職業政治家が、世論調査における政党支持率の上昇を主要な目的として政党の立場を操作する傾向が指摘される（「マネージャー政党論」）。

しかし、世論調査における支持率だけが政治活動の基準となり、それに政党の方針が従属するのであれば、政党の機能は限定的である。むしろ世論に対して問題提起を行い、政策の代替案を示すことがなければ、政治活動はやせ細る。政党の存在感があることを前提に、世論調査の動向に気を配るのと、その政党の存在感の代替物として世論調査に頼るのとでは、大きく意味が異なってくる。

日本において求められているのは、新しい組織原理による政党の再建である。具体的には、これから関係者が探り当てるべきものであるが、何らかのかたちでネットワーク型の緩やかな組織原理によるものにならざるを得ない。政党員になる、政党に所属するといった内外を厳格に区別する硬い組織が時代遅れになっているからである。政党に対する支持が、一歩進んで、政党への同一化に転化すれば、政党の組織化が進んだことになる。アメリカにおける共和党、民主党を支えているのが、政党同一化(「自分は何々党だ」)であることを考えれば、日本における新しい政党組織の姿は、政党への帰属感が重要な役割を果たすことになろう。ただ、日本においてはまだまだ党派に属することへの拒否感が強い。党派性への拒否感が強いと、有効な政党間競争が阻害される。政治的な中立性や政党と無関係であるということは、公正な法執行に携わる公務員には必要であっても、一般の市民生活には特に必要ない。

政治教育の必要性が一般には認められながら、なかなか定着しないのは、こうした党派性への拒否感が強いためである。党派性とかかわりを持たずに有効な政治教育を行うことはできない。党派間の公平への配慮は必要だが、公平性の幅を狭くしてしまえば、教育機会がつまらないものになりがちである。

党派性への拒否感の払拭には、政権担当政党が時により交代する事態が起こり、その期待が定着するのがもっとも有効である。だがそれがなかなか実現しない。その実現を難しくしているのもまた党派性への拒否感である。この悪循環を断ち切ることが急務だ。どのような状況で、選挙による政権交代が行われ、躍動感のある政治を展開することができるようになるのかはわからないが、そのための基盤整備は着実に進んでいる。

議院内閣制の確立は、政党政治の活性化があって、はじめて成し遂げられるものである。新たな時代に相応しい政党の姿をつくり上げるのは簡単ではない。しかし、大きな流れに沿って、さらに改革を進めていくことが、日本の統治構造の発展にとって不可欠なのである。

第7章

政党政治の限界と意義

これまで述べてきた議院内閣制の確立という改革は、政党政治の確立を通じて、日本における民主政の定着をめざすものである。日本国憲法によって導入された民主政を完成させる提案でもある。だが、たとえば権力を内閣総理大臣に集中させるべきだという主張に対して、「戦後民主主義」を擁護する人々から批判の声を聞くことも多い。それはなぜか。

戦後改革の課題には、民主政の導入とともに、市民的自由の確立強化があった。思想・信条の自由や、自由な政治活動の全面的な保障は、戦後になって導入されたものであり、「戦後民主主義」にこれらの要素が含まれるからである。狭義の民主主義だけの観点からすれば重要視されない、たとえば少数意見の尊重、少数者の人権保障といった点が、人によっては死活的な問題となることも多い。

だが現実の民主政は、狭義の民主主義だけでは存在し得ない。政治的自由がなければ、公平な選挙が行えないなど、両者には内在的な関係があるからである。一般的には、民主主義的要素と自由主義的要素のバランスをうまくとることで、民主政は正常に機能すると考えられてきた。

現代における民主政は、多数決にも限界があり、守るべき共通のルールがあるという立憲的秩序を前提としている。民主政の徹底を主張する場合、少数者への配慮は欠かせない。また政府の運営には、効率性や専門性も必要であるが、これは民主主義的な観点とは緊張関係にある。そうした問題を、とりわけ政党政治を媒介とする民主政の観点から、どのように考えたらよいのだろうか。これは、なぜ議院内閣制の確立が必要かを、裏側から考えることにもつながる。

さらに、現代世界においては、グローバリズムや地方分権の流れのなかで、国家を自明の存在として、政治を論じることが難しくなりつつある。また、こうした基本軸が動揺するなかで、アイデンティティの危機に対処するさまざまな動きが生じている。これらの問題に対して、議院内閣制や政党政治を強化することはどんな意味を持つのか。この章では、政党政治の意義と限界を、さまざまな問題に即して検討してみたい。

1　二院制

議院内閣制との緊張関係

まず二院制の問題がある。議院内閣制の一元代表制としての性格からすると、内閣が衆議院に基礎を置くことを強調する必要がある。したがって第二院である参議院と内閣との関係は微妙になる。立法機能は、衆議院だけでは完結せず、参議院と衆議院の意思が一致する必要がある。しかし衆議院を基礎とする内閣が衆議院の多数派によって構成されるため、衆議院の政党対立が激化している場合には、参議院にも政党対立が持ち込まれる。この際、両院の多数派が一致していればよいが、そうでなければ衆参のねじれが起こり、立法機能が不全になる危険性がある。もちろん日本国憲法もこの問題には注意を払っており、衆議院にさまざまな優越性を与えているが、その優越性は、参議院の反対を無力化するほど強いものではない。日本の二院制は両院対等に近いのである。

逆にいえば、衆参の多数派が一致していれば、この矛盾は表面化しない。実際に戦後日本においては、長らく自民党が衆参両院で多数を占めていたために、この問題は認識されてこなかった。だが一九八九年以来、自民党が参議院で多数を失う状況がしばしば生まれるようになる。

近年、政権を安定させようとする自民党は、衆議院で多数を確保した場合でも、議会運営における他党との協力（議会連合）にとどまらず、連立内閣を形成することで、衆参にまたがる多数派を形成しようとしてきた。これは、自民党型の立法政策の基本が、法案の与党審査によって、議会外で実質的な立法作業を終えることと関係している。つまり、議会によって、いったん終わった立法作業が蒸し返されることを好ましくないとする考えが潜在的にあったからである。

しかし、両院ともに多数を維持するために連立政権をつくることは、必要以上に多くの勢力を政権内に抱え込む弱点を持っている。なにより、解散のある衆議院と、解散がないうえに半数改選の参議院の多数派を一致させようという試みは、本質的なところで選挙による政権交代という発想とは相容れない。参議院の多数を確保した政党が、次の衆議院総選挙で多数を確保できるとは限らないからである。

そうした点に着目すれば、二院制と議院内閣制の間には、本質的な緊張関係が存在する。第一次世界大戦直前のイギリスで生じたように、選挙による信任を受けた第一院に基礎を置く政府が第二院と対立したとき、後者が前者に屈服して、議院内閣制の原理が貫徹することは、西欧のいくつかの国で起こってきた。こうした経緯から、たとえばイギリスでは、貴族院には予算関連の権限が制限されている。また法案に関しても、政府が政権公約に基づいて推進するものについては、貴族院は基本的に反対をしないことが慣例として確立した。スウェーデンのように、一九六〇年代に第二院の機能不全が問題となり、七〇年代に一院制へ移行した国もある。つまり議院内閣制の貫徹のためには、第二院の権限が、選挙によって確立した第一院の方針に反しない程度に制限されるか、一院制へと移行することが必要なのである。

参議院に求められる機能

参議院は衆議院の「カーボン・コピー」だなどといわれ、第二院が存在意義を発揮する場面は少ない。二〇〇五年の郵政民営化法案をめぐる攻防でも、参議院の反対は、結局、衆議院選挙によって覆された。こうした事態への真剣な反省がなければ、遅かれ早かれ参議院廃止論が出てくる。

実際、日本でも一院制をめざす動きがあるものの現実には厳しい。二院制についての日本国憲法の規定は細かく、一院制実現には憲法改正が必須《ひっす》である。その改正には、両院のそれぞれ三分の二以上の多数による発議が要件であり、当の参議院の賛成は欠かせない。単純に参議院が廃止されるといった改革は実現の可能性がほとんどないのである。そこで一院制の主張で有力なのは、衆参両院を合併するかたちで憲法を改正し、一院制を実現しようという運動である。ただ、これについて、なぜその必要があるのかと問われれば、参議院廃止論と大差がなくなる。

むしろ現状では、憲法の条文を改正せず、実際の運用を変え、その後に、両院が合意して憲法の条文を変えるのが近道である。

具体的には、参議院が自らの役割を変えることにより、二院制と議院内閣制の両立を図ることになる。たとえば、政権運営の根幹にかかわる問題は、参議院が衆議院と対立しないよう自己抑制を行い、独自領域における参議院の優位を求めるのである。

先にみたように、議院内閣制を確立する過程で、衆議院においては権力を生み出す役割が大きくなり、対決型の議事運営が定着して、与野党対立の枠にはまらない問題をじっくり検討することが難しくなる。議院内閣制の議会は対決型が基本だという見方もできようが、現状からの転換には何らかの激変緩和措置なり、代償措置なりがあったほうが、秩序は安定する。衆議院が対決型になっているとき、参議院が対決型でない議会の機能を果たすことが、むしろ議院内閣制の確立にも役立つと思われる。つまり、二院制によって、民主主義的要素と、自由主義的要素をバランスさせるのである。

そうした役割としては、たとえば行政監視あるいは決算機能がある。衆議院の与野党対立が激しくなれば、多数派優位の運営のなかで、衆議院では多数派が行政府を擁護する雰囲気が強くなる。そこで少数者調査権の整備などが課題となるが、法案の生死を握る権能を自ら制限することで参議院が与野党対決色を薄め、参議院議員が協力して行政監視機能を発揮することが望ましい。

また長期的視点からの調査提案も浮上する。現に参議院の審議では調査の比重が高く、調査会機能が衆議院よりも重視される傾向にあり、こうした役割も望まれる。たとえば生命倫理問題、死刑制度の是非、皇室制度などの問題は、激しい党派対立から離れて、じっくり議論されることが望ましい。

あるいは、超党派的な合意形成の必要がある場合、たとえば憲法改正、財政再建、重大な外交あるいは安全保障上の選択などにおいて、参議院が果たす潜在的な役割は大きい。当面の法案の可否決という権限を棚上げにすることにより、参議院が独自の機能を発揮すれば、違った意味での重要性を増すことにつながるのではないだろうか。

慣例から憲法改正へ

党派対立をもとに、対決型の議事運営で、最終的には政権側の法案を成立させる衆議院に対して、政党対立を弱め、場合によっては法案の修正を求めながら、行政監視や長期的問題の調査、超党派合意の形成などに力点を置いた参議院が存在する二院制は、法律の条文によってつくり出されるよりは、当事者の自覚的行動による慣例の積み重ねによって形成されるべきものである。

「会期制」や「会期不継続の原則」が厳格に運用され、衆議院の多数派に基礎を置く内閣提出法案が成立しない事態がしばしば起こるのは、本書で述べてきた新たな議院内閣制の姿としては好ましくない。まして、会期末になって、法案の正否が参議院の審議に左右される状況は、党派対立の先鋭な部分を参議院に持ち込むことになる。先に述べた参議院の役割転換のためには、まずこうした部分を変えていく必要がある。会期制を緩めることや、多くの法案を参議院が先に審議し、修正を加えるのは別としても、基本的には内閣の意向を尊重する慣例を形成することもできる。また、どうしても両院の意見が異なるのであれば、両院協議会を機能するように改組して、妥協策を探ることを考えてもよい。

このように、参議院が自己抑制を行うことになれば、参議院の役割だと考えられることについて、衆議院が参議院の意向を尊重することも必要である。憲法改正を検討するときには、参議院独自の権能を付加することも考えられる。たとえば、憲法改正の発議要件を緩和するのであれば、先にみた参議院の合意形成機能を尊重して、参議院にだけ、憲法改正の発議権を与える、あるいは、司法の独立性を高めるために、最高裁判所長官や裁判官の人事権を、内閣から参議院に移すことも考えられる。

また、参議院の役割が変われば、それに相応しい選挙制度への変更も考えられる。もし権力行使が限定的であれば、憲法を改正して、間接選挙などの別の選出方法を模索するのもよいし、現行憲法下でも、政党色の薄くなる選挙制度を採用するのが好ましい。

このように、政党政治の確立によって、明確な多数派の意思を確定し、首相を中心とするしっかりとした行政府を構成することを求めながら、参議院が違う役割を果たすことで、多数派民主政を補完する制度を持つことが構想されるべきである。

2　官僚制の再建

政官関係の規範

これまで、「官僚内閣制」を批判する文脈で、官僚が「統治の主体」となることを批判してきた。そして、政党政治家を中心とする、首相をはじめ閣僚などからなる行政府の権力を確立し、日常的統治の主体となるべきことを、議院内閣制の確立という文脈で主張してきた。しかし事柄の裏側として、このように上層部が党派化した行政府を、専門的知識、党派中立的判断、安定した組織運営によって下支えする機能も必要になる。これが官僚制再建の課題である。

政治家と官僚の関係は、政官関係と呼び習わされるが、政官関係の規範として、三つの要素が指摘されることが多い。

第一は統制の規範である。責任ある政治家の命令には、部下たる官僚は従わなければならないというものであり、当然のようであるが、しばしば組織を握る官僚は集団として、首相や内閣の意向を無視する傾向を示してきた。これが官僚内閣制の問題であり、それを支えているのが省庁代表制という構造であったが、この転換についてはすでに詳述した。

　第二は分離の規範である。これは必然的に党派対立となる政党政治の担い手である政治家と、政策実施の場面で政治的中立性を要求される官僚との間には、適切な分離あるいは相互独立が必要だという規範である。そのままでは第一の統制の規範と矛盾する規範であるが、それぞれの規範が適用される場面が異なると考えれば両立が可能である。それは統制の規範が、政策決定に直接つながる政策の企画立案の場面で必要になり、分離の規範が、政策実施の場面でより強く求められるというものである。

　ところが、政府・与党二元体制のもとで、族議員と官僚制中間層との関係は密接であり癒着も存在した。行政の政治的中立が求められる分野、たとえば公共事業発注業務や、個別規制の適用などといった政策実施の細目に、政治家が口を出す傾向が存在したのである。また官僚人事に対する影響力を通じて、有力政治家が自己に有利な取り扱いを求めるといった例も散見された。こうした状況に対する批判の高まりによって、近年事態は改善されつつあるが、官僚に対する不信が根強いこともあり、積極的に官僚の自立的領域を再定義しようとする動きは弱い。しかし、批判の対象となる行政の非効率の原因は、まさに日本の官僚制が、政策の企画立案と政策実施を意図的に混同してきたために、政策実施業務の効率化への意欲が少ないところにもあった。それゆえ、政官の分離の規範を強調し、官僚の独自性を確立し、効率化を図ることは重要な課題である。

自己規律の再建

さらに第三の規範が、協働の規範である。統制と分離の規範がどちらかといえば、両者の関係を緊張させるのに対して、この規範は、両者がその特性の違いを了解したうえで、互いに協力することを要請する。たとえば政策の企画立案に関して、専門能力を持ち、雇用保障された官僚が提供すべき能力とはどのようなものかが問われる。また政治家がなすべき決断や指示のあり方も、立憲的な枠組みに沿ったものでなければならない。官僚が政治家のように政治的調整の表舞台に立ったり、政治家が官僚の領域である公共事業の箇所付けに関与するなどといった倒錯を改めるには、それぞれの役割を再定義しながら、協力のあり方を見直す必要がある。

その際に必要なのは、官僚制固有の役割の確立と社会的承認である。官僚への尊敬の念が少なくなったといわれる。それが「支配者たる官僚」の威信が下がっただけであるなら、むしろ望ましい。しかし、専門家として、公益を代表すべき官僚への尊敬の念は確保されるべきである。これらの社会的承認のためにも、望ましい官僚の自己規律が再建される必要がある。複雑な社会になれば、それを管理するための仕組みや知識も必要になる。それはどこからでも手にはいるというほど簡単なものではない。あまりに閉ざされた官僚制に新鮮な空気を入れるために、政治的任用など外部からの人材登用や、交流人事も重要であるが、それだけでよき政府ができあがるほど事態は簡単ではない。これまで官僚の優秀さは自明であったが、必ずしもそうとばかりもいえなくなった現代、むしろ日本型の新しい官僚像が模索される時代になったと考えられる。官僚にとって冬の時代にこそ、真の官僚の能力が問われるのである。

3　司法の活性化

司法機能

民主政を他の要素によって補完すべきなのは、司法の活性化という課題でも同じである。司法は、紛争などを多数決原理以外の方法によって解くもので、民主政との関係からすれば、官僚制の必要性と似たところがある。

ただ司法の場合は、法の支配という大原則のもとで、専門性や効率性とは別の原理が働いている。たとえば、裁判では原告と被告が対面して、互いに主張を述べあうなかで真理を明らかにし、それをもとに第三者である裁判官が判断を下す。こうした原理による社会秩序の形成は政党政治などでは代替できない。

ところが、日本においては、司法権の独立が、司法機能の社会的孤立につながっていた面もあり、裁判官、検察官、弁護士といった専門家だけの閉じた世界でもあった。そのため、日本の司法機能は、欧米諸国と比べて、非常に限定的だとされてきた。

しかし、事前規制から事後統制へという規制緩和の流れ、社会の複雑化に起因する紛争の増大により、司法機能を拡充する必要性が出てきた。司法改革が進行中であるが、こうした改革も、政治改革の裏表となるという認識が必要である。つまり、政府が果たすべき役割を吟味して、一定の制限を加えながらも、必要な機能については、それを最大限に発揮させることは、政治改革・行政改革の主要なテーマであり、司法もその例外ではないのである。

全体的に司法機能を強化する必要があるとき、現状の制度を量的に拡充するだけでは、効果は現れない。そこに司法制度改革が、これまでなかった要素を司法関係の制度に導入する意味がある。たとえば裁判員制度などは、司法に民主的要素を導入して、専門家の横暴への歯止めをかけるとともに、一般有権者に司法的知識を広める効果があるとみられる。そのほかにも、さまざまなかたちで司法機能を利用しやすくすることは、社会全体のバランスという点からも、議院内閣制の強化とともに進められるべきであろう。

4　国家主権の融解

グローバリゼーションと国家

これまで、日本の中央政府の統治構造の検討を進めてきたが、いかにそれを合理化しても、日本国家の持つ意味が変われば、無意味であるという批判もあり得る。たとえば、グローバリゼーションの進展によって、多くのことが国際的な交渉のみならず、事実上の地球基準によって決められることも増えてきた。あらゆる事柄に国家意思が貫徹する状況とは、根本的に異なっているともいえる。

そのため、議院内閣制を確立して国政における権力核を明確にしても、物事を決められる範囲は限定され、無駄な努力だという意見がある。あるいは、グローバリゼーションが進み、国家の枠組みが相対化されているのだから、国家はできるだけ物事を決めず、市民や企業、地方自治体などが、問題を解決するのを見守るべきだという意見もある。

これについて結論から先にいえば、だからこそ国政の中心は明確でなくてはならないのである。それには二つの理由がある。

第一は、透明性のある決定の必要性である。かつて国家がすべてという時代、決定が不明確であっても、それが全体システムであるだけに、落ち着くところに落ち着いた。この場合、意思決定主体の所在を追及しなくても、「きちんと物事が動いている」といえば、それですむ面があった。

ところが、国際化進展が叫ばれただけで、ものの決め方は大きな挑戦を受けた。つまり、何がルールで、どこで決められているかを明確にしなければ、その国外の利害関係者は対処できないからである。透明性のない政治システムは、たとえば非関税障壁として、不公正な貿易慣行だと批判されるようになった。ましてグローバリゼーションの進展によって、関係利害が錯綜した状況では、誰が何をどれぐらい決めているか、決めることができるかが、はっきりしていないと混乱する。

第二に、国際化やグローバリゼーションの進展により、意思決定の中心を明確化することで、決定コストを下げる必要が強まる。国家が国家内部で意思決定しさえすれば、後はそれに従うという主権国家体制では、国家内部の意思決定にコストをかけても、問題は少ない。しかし、他の主体との関係を調整する必要があるなか、主体内部の意思決定に時間や手間がかかる状況は、課題への有効な対応を難しくする。

もちろん、それを肩代わりする主体があればよい。だがそれは簡単に得られるわけではない。ヨーロッパにおいては、EUの成立によって多くの小国が権限をEUに移譲し、国家への負荷を軽減した例もある。しかしその分、EU自体に決定への負荷がかかったのであって、国際化やグローバリゼーションが、自動的に問題を解決するわけではない。

対外的状況を考えると、国家は機動性を高める必要がある。それこそ、各国の政治指導者の個人的指導力に関心が集まる背景である。そして、冷戦下における対外的選択肢の制約が解かれ、さまざまな国際問題に主体的に取り組むことが求められている日本の現状では、議院内閣制の確立による権力核の明確化と、民主的統制の強化は、優先度の高い課題なのである。

地方分権の進展

国家主権の融解は国内でも進行している。一般に地方分権というかたちで認識されている現象である。地域ごとに解決すべき課題が拡散する問題と、それに呼応する地方自治体の自立化が、地方分権を促している。つまり、ナショナル・ミニマムと呼ばれる全国一律に実施されるべき行政サービスがいきわたると、次の課題は地元住民の選択による政策水準という意味での、シビル・ミニマムの充足をいかに図るかが課題となる。選択を実質化するためには、政策選択が地域ごとに行われる必要があり、そのために地方政府が課題に対して独自に対応していく必要がある。これが地方分権推進の根本的な理由である。

ただ、日本の現状では、ナショナル・ミニマムの水準が高すぎたことへの批判が強く、政策の見直しが不可避である。わかりやすい例では、通行量が少ない道が立派な高速道路として整備されている、小さな町村が隣町などと競いあい、中央政府からの補助金や地方交付税を使って同じような公共施設を一通り備えているといった問題である。これを是正するには、地方住民が自らの負担で、行政サービスの提供水準を決める範囲を増やすという分権推進が有用である。だがこれには、ナショナル・ミニマムの水準設定がきちんと行われることが前提となる。

また、地域ごとに行政機能をまとめて担っている地方政府のほうが、規模が大きく、組織分化が進まざるを得ない中央政府よりも、分野横断的に、政策を総合化することが容易である。もちろん議院内閣制の確立によって、中央政府の総合化能力は向上する。だが具体的な施策の現場での総合化となると、地方政府のほうが決定的に有利である。それには、地方政府が大幅な裁量権を持つ必要がある。そうでなければ、政策を調整しようとしても個別政策の変更ができず、総合化は難しくなる。

さらには、地域住民との近い距離である。とりわけ市町村などの基礎自治体においては、選挙を通じた民主的統制が、原理的には容易である。選挙以外の政治参加も、さまざまなかたちで可能である。選挙を機会に、多様なニーズに応え、方法的な実験をも含んだかたちで、創造的な政策決定・実施を展開することもできる。

そうした意味で、地方分権の推進は、十分に理由がある。だがたとえば、分権によって地方政府で政策が総合化されれば、国家の中央政府における総合化が無意味になるというわけではない。両者は相互補完的な関係だからである。

それればかりではなく、なによりも地方分権を進める国の決定は、明確な決定主体が省庁の抵抗を抑えなければ実現しない。また地方分権の理論的前提となるナショナル・ミニマム水準の再設定も、能力の高い政府でなければ実現しないのである。そう考えると、議院内閣制の確立を通じた中央政府の合理化は、地方分権の前提条件であるとさえいえよう。

官民境界線の曖昧化

世界的にみて、この二〇年ばかり、行政の分野で顕著な潮流は、官民の明確な区別がなくなり、境界が曖昧になったことである。

たとえば、国営を当然としてきた電信・電話事業、全国鉄道事業、郵便事業などの公益事業が、一定の条件のもとで民営化され、民間事業者によって運営が行われるようになった。また規制がなければ問題が生じると考えられた分野で、規制が緩和される際に非政府主体が公共性を担保する場合も広くみられる。さらには典型的な政府活動であっても、機能を分解することで、民間営利活動の発想を導入することが可能と考えられるようになった。そして、民間の非営利団体が公共性を担うことも広く認められ、政府と協力して公共目的を達成しようとする官民連携の考え方も定着してきた。

このように、政府の役割が限定的にとらえられるとともに、政府のなかに市場競争的な考え方が入り込み、公共性の担い手は政府だけに限らないと広く認められたのが、官民の境界線の曖昧化という現象である。

しかし、注意しなければならないのは、理屈抜きに境界線が曖昧化しているのではないことである。政府活動への市場競争の導入には、公共性の内容は政府中枢が決め、実施活動に市場競争的要素を導入するという発想が大前提となる。どのような行政サービスが提供されるべきかまで市場競争に委ねるのでは、政府がそれを提供する意味はあまりない。市場によって提供されるサービスであれば、わざわざ政府が供給する意味がないからである。

政府には、どのような事柄に公共性があり、しかも強制力を背景とする政府によってのみ供給される性質を持つかを決める責任がある。民間活力導入の大前提には、そうした活動そのものが必要かどうかという決定と、それがどのような水準で提供されるべきかという決定の二つが求められる。そして、決定を的確に行うためには、実施部門と分離された決定中枢を政府が保持しておく必要が出てくる。

欧米諸国では、伝統的に企画、決定、実施が分離される傾向にあり、決定中枢の確保は、自然に解決され、むしろ官民境界線の曖昧化に関する理論的な整理が障害となっていた。だが日本においては事情はまったく異なる。

官僚内閣制や省庁代表制のもとでは、企画と実施との分離は容易ではない。それどころか、問題の所在さえも認識されにくい。外来の制度導入に伝統的に熱心であったにもかかわらず、先進諸国のなかで例外的に日本の中央政府が、新公共経営（ＮＰＭ）の流れに乗っていないのは、突き詰めればこの問題に行き着く。導入された制度は、政策評価をはじめとして、外見的には似ていても、内容的には諸外国と大きく異なったものとなり、あまり効果を上げていないことが多い。

こうした事情を考えると、新公共経営をはじめとする改革を推進し、新たな官民関係を築くためにも、決定中枢を明確化する議院内閣制の強化は不可欠である。

価値観の多様化と統一への希求

さらに、国家の存立そのものを疑問視する動きもある。すでにみたように、多くの局面で、かつては絶対的であった主権国家の権威と機能が薄れ、主権国家体系は緩やかではあるが、融解する傾向にある。

そうしたなかで、国民国家を成立させていたナショナリズムが弱体化している。それだけではなく、共通の生活様式が弱体化し、価値観も多様化している。この傾向をとらえて、国家の意思を決定することを否定する人々も現れている。民主的に決定する営みが、かたちだけ整えられても、いわば絵空事になっていく危険もないではない。

こうした事態には、当然のように反動がある。むしろ現象としては、ナショナリズムの再興をめざす動きが目立っている。ナショナリズムといっても中身は多様であって、参加や民主主義的側面を強調する立場もあれば、伝統や思想の統一を強調する立場もある。

では、そもそもナショナリズムが成立したとき、近代国家のあり方はどうであったのか。悲惨な宗教戦争であった三〇年戦争を終結させるためのウェストファリア条約（一六四八年）によって確立した近代国家は、国家が多様な価値観の共存を保証するための装置を発達させてきた。宗教や信条が違っても、国家への忠誠さえあれば共存できるというのが、近代国家の建前であり、多くの国の憲法もそうした仕組みとなっている。現代の問題は、その国家への忠誠が、何を意味するのかはっきりしなくなっていることである。

この問題をよく考えれば、どのような仕組みで、多様な価値観を共存させつつ、合意を調達するかという課題に行き着く。逆に、多様な価値観を前提に、必要な決定に関する人々の合意、同意を取り付ける民意集約機能は難しくなる。だが大切であることには違いがない。このとき、異なる価値観が共存できるよう基本的な接合様式を定めていく機能が重要になる。いわば「モジュール化」とでもいうべき手法だが、それぞれの要素の価値を損なうことなく、ほかの価値観と共存できる仕組みづくりが求められている。

つまり、価値観が多様になったからといって、決定がなされなくてもすむわけではない。異なる価値観を大きく包み込む国家の仕組みと、それに合わせた決定手法の開発が必要なのである。それにつけても、現行の意思決定方式の改善が、大前提になるのである。

5　議院内閣制と政党政治の将来

政党への期待

このように、健全な政党政治に支えられた議院内閣制の確立は、単に憲法が予定する政治の仕組みを実現するといった形式的意味ばかりではなく、実質的な意味も大きい。そのため民意の集約と、責任と権力の一致といった大原則を確立し、その応用として、その枠にはまらない問題を処理していこうとする姿勢が大切である。

焦点は、拡散を続ける諸問題を交通整理する能力を、国家が備えることである。こうした課題を解くのは容易ではない。だが政党政治の動態的な機能は、移り変わる政策課題を処理していくのに相応しい柔軟性を備えている。政党は部分利益や一部の意見を代表するものではあるが、複数の政党が競いあうことで、全体として公共目的を推進する構造を持っている。その際に、競争のルールである立憲的秩序を共通基盤として、権力の座を相対化するのが、人類が長年かかって育ててきた立憲民主制の仕組みである。

そのときに、なによりも求められるのが、政党が社会の利益・意見を吸収し、さらにそれを集約することである。有効な政党は、社会的に深い根を持ち、また社会の変化に耐えるような柔軟性を備えることが求められるのである。

ところが、二〇世紀の先進諸国に広くみられた組織政党モデルは、社会的に深い根を張っていることは確かだが、その硬い組織原理のために、社会変化に対応しにくい問題を持っていた。むしろ自民党など日本の政党は、そうした組織原理から自由であったために、柔軟に時代の要請に応えてきた側面がある。

しかし、議員中心で社会的な基盤の弱い日本の政党は、政権交代の力学が動かないという条件もあり、次第に社会変化についていけなくなってきた。それが一九九〇年代に政治混乱として現れた。小泉内閣が行った改革は、議院内閣制の力学を活用して、改革の突破口を開くものであった。しかしその改革は、世論調査に現れた有権者の支持などを背景に、中央政府のあり方を必要に応じて変更するもので、政党政治の力学を全面的に活用するものではなかった。

次に望まれるのは、「民意集約型政党」の整備である。自民党でも民主党でも、この課題は同じである。官僚内閣制のもとでは、有権者の要望をそのまま省庁の担当者に伝える「御用聞き」政治家は多かった。しかし要望を集約して、政策のかたちに変換する政党独自の機能は、弱かったといわざるを得ない。社会に根を張り、その多様な要求や意見を集約して、体系化していく政党、そうした政党が望まれている。

政党は、ことさら大規模な組織をイメージする必要もない。たとえばネットワーク型の「情報交換の輪」を使って、必要な意見交換を行うのも、現代的な組織のあり方である。また、議員がコンビニエンス・ストアのフランチャイズのようなかたちで、政党本部とつながり、看板を統一するだけではなく、常に売り上げ情報、すなわち有権者の要望や反応を政党が集約することで、政党の方針を決めていくといった組織論もあり得る。

そうした新しい政党のあり方は、世界的に模索されている。日本は大規模な変革期にあり、政策課題が山積している。政策課題に立ち向かう政党を必要とするポテンシャルは高いのである。

本書は、こうした時代において、古典的な政治制度の活用がいかなる意味を持つのかを、現状分析を通して探求したものである。課題は多いが、選挙制度改革以来の改革の積み重ねは、ようやく成果を生みはじめている。改革の歩みを止めることなく、次の政治システムを創り上げるところまで進めていくことが望まれる。

あとがき

中公新書執筆のお誘いを受けたのが、一九九五年の暮れであるから、すでに一二年近くの歳月が経っている。ただし、一〇年以上練りに練って完成したというわけではない。書けなくて何度も放置しながら、ようやく最近になって書いたというのが実情である。

身辺が落ち着かなくて文章が書けなくなる、政治情勢の急展開で自信を失って書けなくなるなど、他人様《ひとさま》よりも書けない理由は多い。ほかの本を先に書こうかと思ったときもあったが、それもことごとく失敗し、この本の執筆は一種のトラウマと化していた。その証拠に、この本の目処《めど》がついてから、ほかの仕事もはかどりだした。

そういうわけで、恩師や同僚など、学問的な意味でお世話になった方々は、きわめて多い。謝辞のためにお名前を書き出しはじめたら、また書けなくなってしまった。どの範囲までお名前を挙げるべきかの判断がつかず、順番も難題である。誠に申し訳ない気もするが、恐縮ながらお名前を挙げず、心のなかで御礼を申し上げたい。

また、政治家・官僚・報道関係者といった日本政治の実際を知る方々との対話なくしてこの本は書けなかった。執筆の過程では、こうした反応を心のなかで思い浮かべて、理屈を立てていくことが多かった。オーラル・ヒストリー・プロジェクトでじっくりお話をうかがった方、短いが示唆に富む言葉をかけてくださった方、考えが違って激しいやりとりになった方、同様にお名前は挙げないが、こうした方々にも感謝の意を表したい。

さらに、講義を聞いてくださった学生の皆さん、勉強会や研究会で話を聞いてくださった方々の反応から、表現や考え方を変えたことも少なくない。そのうち本になる、などというオオカミ少年的な発言を真に受けて、年賀状にまだ出ないのかと書いてくださった方をはじめ、お世話になったと感謝している。

ただ、一人だけお名前を挙げたいのは、中央公論新社の白戸直人氏である。『中央公論』を通して知り合った白戸さんが中公新書担当として執筆再開を勧めてくれ、ようやく書きはじめたのが二年あまり前のことであった。その間も郵政解散など執筆が止まる機会は少なくなかった。しかし、書けると見ると毎週のように来訪されて原稿を回収し、具合が悪いと見るとしばらく休むというように、絶妙の産婆役となってくださった。その点で、本書が完成したのは、まったく白戸さんのおかげである。お目にかかる頻度が減るのはやや寂しい気がするが、だからといってもう一度書き直すわけにもいかない。心よりの御礼を申し上げて、執筆作業を終えることとしたい。

二〇〇七年六月

飯尾　潤

主要参考文献

第1章　官僚内閣制

赤木須留喜「明治国家における内閣制度と行政制度」日本行政学会編『統治機構の諸相』（年報行政研究二七）ぎょうせい、一九九二年
穴見明「内閣制度」西尾勝・村松岐夫編『講座行政学第二巻　制度と構造』有斐閣、一九九四年
市川太一『「世襲」代議士の研究』日本経済新聞社、一九九〇年
大石眞『日本憲法史』有斐閣、一九九五年
岡田彰『現代日本官僚制の成立：戦後占領期における行政制度の再編成』法政大学出版局、一九九四年
坂本一登『伊藤博文と明治国家形成』吉川弘文館、一九九一年
瀧井一博『文明史のなかの明治憲法』講談社メチエ、二〇〇三年
長尾龍一『日本国家思想史研究』創文社、一九八二年
バジョット「イギリス憲政論」辻清明編『バジョット　ラスキ　マッキーヴァー』（世界の名著七二）中央公論社、一九八〇年＝ *Walter Bagehot, The English Constitution*, 1867
坂野潤治「戦前期日本の憲法と議会：一八六八－一九三六」日本政治学会編『政治過程と議会の機能』（年報政治学一九八七）岩波書店、一九八八年
松下圭一「国会イメージの転換を」『世界』一九七七年二月号（『昭和後期の争点と政治』および『戦後政治の歴史と思想』に再録）
三谷太一郎『増補　日本政党政治の形成』東京大学出版会、一九九五年
村井良太『政党内閣制の成立一九一八－二七』有斐閣、二〇〇五年

毛利透「内閣と行政各部の連結のあり方」『公法研究』六二号、二〇〇〇年
山口二郎「現代日本の政官関係」日本政治学会編『現代日本政官関係の形成過程』(年報政治学一九九五)岩波書店、一九九五年
Kaare Strøm, "Delegation and Accountability in Parliamentary Democracy", *European Journal of Political Research*, 37-3, 2000

第2章　省庁代表制

青木昌彦、奥野正寛、岡崎哲二編著『市場の役割　国家の役割』東洋経済新報社、一九九九年
縣公一郎「法令の制定と省庁の意思決定」西尾勝・村松岐夫編『講座行政学第四巻　政策と管理』有斐閣、一九九五年
伊藤大一『現代日本官僚制の分析』東京大学出版会、一九八〇年
猪口孝『現代日本政治経済の構図』東洋経済新報社、一九八三年
今村都南雄『官庁セクショナリズム』東京大学出版会、二〇〇六年
大石眞「内閣法制局の国政秩序形成機能」『公共政策研究』第六号、二〇〇六年
大森彌「日本官僚制の事案決定手続き」日本政治学会編『現代日本の政治手続き』(年報政治学一九八五)岩波書店、一九八六年
大森彌『官のシステム』東京大学出版会、二〇〇六年
金井利之「戦後日本の公務員制度における職階制」『公共政策研究』第六号、二〇〇六年
川手摂『戦後日本の公務員制度史:「キャリア」システムの成立と展開』岩波書店、二〇〇五年
坂本勝「国家公務員制度」西尾勝・村松岐夫編『講座行政学第二巻　制度と構造』有斐閣、一九九四年
チャーマーズ・ジョンソン(秋月謙吾訳)「新しい資本主義の発見」『レヴァイアサン』一号、一九八七年
城山英明、鈴木寛、細野助博編著『中央省庁の政策形成過程』中央大学出版部、一九九九年

城山英明、細野助博編著『続・中央省庁の政策形成過程』中央大学出版部、二〇〇二年
新藤宗幸『行政指導』岩波新書、一九九二年
田丸大『法案作成と省庁官僚制』信山社、二〇〇〇年
辻清明『新版 日本官僚制の研究』東京大学出版会、一九六九年
西尾勝『新版 行政学』有斐閣、一九九三年
牧原出「『官房』の理論とその論理構造」日本行政学会編『官邸と官房』（年報行政研究四〇）ぎょうせい、二〇〇五年
松並潤「国家と社会の境界領域の諸問題」西尾勝・村松岐夫編『講座行政学第五巻　業務の執行』有斐閣、一九九四年
真渕勝「予算編成過程」（岩波講座）『現代の法3政治過程と法』岩波書店、一九九七年
村上弘「国の自治体に対する統制・誘導」西尾勝・村松岐夫編『講座行政学第五巻　業務の執行』有斐閣、一九九四年
村松岐夫『日本の行政：活動型官僚制の変貌』中公新書、一九九四年
笠京子「省庁の外郭団体・業界団体・諮問機関」西尾勝・村松岐夫編『講座行政学第四巻　政策と管理』有斐閣、一九九五年

第3章　政府・与党二元体制

穴見明「五五年体制の崩壊と執政機能の強化」日本政治学会編『五五年体制の崩壊』（年報政治学一九九六）岩波書店、一九九六年
飯尾潤「政治的官僚と行政的政治家」日本政治学会編『現代日本政官関係の形成過程』（年報政治学一九九五）岩波書店、一九九五年

飯尾潤「日本における二つの政府と政官関係」『レヴァイアサン』三四号、二〇〇四年
猪口孝、岩井奉信『「族議員」の研究：自民党政権を牛耳る主役たち』日本経済新聞社、一九八七年
猪口孝「自民党研究の複合的視点」『レヴァイアサン』九号、一九九一年
加藤淳子『税制改革と官僚制』東京大学出版会、一九九七年
川人貞史『日本の国会制度と政党政治』東京大学出版会、二〇〇五年
北山俊哉「土建国家日本と資本主義の諸類型」『レヴァイアサン』三二号、二〇〇三年
佐竹五六『体験的官僚論』有斐閣、一九九八年
佐竹五六「政党と官僚制」北村公彦ほか編『現代日本政党論』（現代日本政党史録一）第一法規、二〇〇四年
佐藤誠三郎、松崎哲久『自民党政権』中央公論社、一九八六年
曽根泰教、岩井奉信「政策過程における議会の役割」日本政治学会編『政治過程と議会の機能』（年報政治学一九八七）岩波書店、一九八八年
田中善一郎『自民党のドラマツルギー：総裁選出と派閥』東京大学出版会、一九八六年
戸矢哲朗（戸矢理衣奈訳）『金融ビッグバンの政治経済学：金融と公共政策における制度変化』東洋経済新報社、二〇〇三年
中野実『日本の政治力学：誰が政策を決めるのか』日本放送出版協会、一九九三年
日本経済新聞社編『自民党政調会』日本経済新聞社、一九八三年
牧原出『内閣政治と「大蔵省支配」：政治主導の条件』中公叢書、二〇〇三年
御厨貴『政策の総合と権力：日本政治の戦前と戦後』東京大学出版会、一九九六年
村松岐夫『戦後日本の官僚制』東洋経済新報社、一九八一年
山口二郎『大蔵官僚支配の終焉』岩波書店、一九八七年
山口二郎「政治・行政のインターフェイスの諸相と統治構造」日本行政学会編『統治機構の諸相』（年報行

政研究二七）ぎょうせい、一九九二年

第4章　政権交代なき政党政治

飯尾潤「政党」福田有広・谷口将紀編『デモクラシーの政治学』東京大学出版会、二〇〇二年
石川真澄、広瀬道貞『自民党：長期支配の構造』岩波書店、一九八九年
伊藤光利「国会のメカニズムと機能」日本政治学会編『政治過程と議会の機能』（年報政治学一九八七）岩波書店、一九八八年
内山融『現代日本の国家と市場：石油危機以降の市場の脱〈公的領域〉化』東京大学出版会、一九九八年
岡沢憲芙「政党政治システムの変容」日本政治学会編『五五年体制の崩壊』（年報政治学一九九六）岩波書店、一九九六年
小野耕二『転換期の政治変容』日本評論社、二〇〇〇年
蒲島郁夫、山田真裕「後援会と日本の政治」日本政治学会編『ナショナリズムの現在・戦後日本の政治』（年報政治学一九九四）岩波書店、一九九四年
蒲島郁夫『戦後政治の軌跡』岩波書店、二〇〇四年
神島二郎編『現代日本の政治構造』法律文化社、一九八五年
川人貞史『選挙制度と政党システム』木鐸社、二〇〇四年
北岡伸一『政党政治の再生：戦後政治の形成と崩壊』中央公論社、一九九五年
北岡伸一『自民党：政権党の三八年』読売新聞社、一九九五年
栗本慎一郎『現代政治の秘密と構造』東洋経済新報社、一九九九年
佐々木毅『いま政治に何が可能か：政治的意味空間の再生のために』中公新書、一九八七年
ジョヴァンニ・サルトーリ（岡沢憲芙・川野秀之訳）『現代政党学』早稲田大学出版部、二〇〇〇年＝Giovanni Sartori, *Parties and Party Systems*, Vol 1, Cambridge University Press, 1976

田中善一郎『自民党体制の政治指導』第一法規、一九八一年
谷勝宏『現代日本の立法過程：一党優位制議会の実証研究』信山社、一九九五年
富森叡児『日本型民主主義の構図』朝日新聞社、一九九三年
坂野潤治『明治デモクラシー』岩波新書、二〇〇五年
広瀬道貞『補助金と政権党』朝日新聞社、一九八一年
樋渡展洋『戦後日本の市場と政治』東京大学出版会、一九九一年
T・J・ペンペル、村松岐夫、森本哲郎「一党優位制の形成と崩壊」『レヴァイアサン』一九九四年冬臨時増刊号、一九九四年
増山幹高『議会制度と日本政治：議事運営の計量政治学』木鐸社、二〇〇三年
松下圭一『戦後政党の発想と文脈』東京大学出版会、二〇〇四年
的場敏博『現代政党システムの変容：九〇年代における危機の深化』有斐閣、二〇〇三年
スティーヴン・R・リード「自由民主党の固定化」『レヴァイアサン』九号、一九九一年
Kent E. Calder, *Crisis and Compensation: Public Policy and Political Stability in Japan, 1949–1986*, Princeton University Press, 1988＝ケント・E・カルダー（淑子カルダー訳）『自民党長期政権の研究：危機と補助金』文藝春秋、一九八九年
Angelo Panebianco, *Political Parties: Organization & Power*, Cambridge University Press, 1988＝（イタリア語原版からの翻訳）A・パーネビアンコ（村上信一郎訳）『政党：組織と権力』ミネルヴァ書房、二〇〇五年
T. J. Pempel ed., *Uncommon Democracies: The One-Party Dominant Regimes*, Cornell University Press, 1990
Ethan Scheiner, *Democracy Without Competition in Japan: Opposition Failure in a One-Party Dominant State*, Cambridge University Press, 2006
Alan Ware, *Political Parties and Party Systems*, Oxford University Press, 1996

第5章　統治機構の比較——議院内閣制と大統領制

赤間祐介「政官関係」森田朗編『行政学の基礎』岩波書店、一九九八年
阿川尚之『憲法で読むアメリカ史』上下、PHP新書、二〇〇四年
飯尾潤、増山幹高「日韓における弱い議院内閣制と強い大統領制」曽根泰教・崔章集編『変動期の日韓政治比較』慶應義塾大学出版会、二〇〇四年
今井威『議院内閣制』ブレーン出版、一九九一年
梅津實、森脇俊雅、坪郷實、後房雄、大西裕、山田真裕『新版　比較・選挙政治：二一世紀初頭における先進六ヶ国の選挙』ミネルヴァ書房、二〇〇四年
大山礼子『フランスの政治制度』東信堂、二〇〇六年
小川有美編著『国際情勢ベーシックシリーズ⑥EU諸国』自由国民社、一九九九年
片岡寛光『内閣の機能と補佐機構：大統領制と議院内閣制の比較研究』成文堂、一九八二年
篠原一『ヨーロッパの政治』東京大学出版会、一九八六年
長井良和『フランス官僚エリートの源流』芦書房、一九九一年
野中尚人『自民党政権下の政治エリート：新制度論による日仏比較』東京大学出版会、一九九五年
野中尚人「高級行政官僚の人事システムについての日仏比較と執政中枢への展望」日本比較政治学会編『日本政治を比較する』早稲田大学出版部、二〇〇五年
的場敏博『政治機構論講義：現代の議会制と政党・圧力団体』有斐閣、一九九八年
ゲルハルト・レームブルッフ（平島健司編訳）『ヨーロッパ比較政治発展論』東京大学出版会、二〇〇四年
Joel D. Aberbach, Robert D. Putnam, and Bert A. Rockman, *Bureaucrats and Politicians in Western Democracies*, Harvard University Press, 1981
Simon James, *British Cabinet Government*, Routledge, 1992
Arend Lijphart, *Patterns of Democracy: Government Forms and Performance in Thirty-Six Countries*, Yale Univerisity Press, 1999

R. A. W. Rhodes and P. Dunleavy eds., *Prime Minister, Cabinet and Core Executive*, Macmillan, 1995
Giovanni Sartori, *Comparative Constitutional Engineering: An Inquiry into Structures, Incentives, and Outcomes*, Macmillan, 1994＝ジョヴァンニ・サルトーリ（工藤裕子訳）『比較政治学：構造・動機・結果』早稲田大学出版部、二〇〇〇年
Bernard S. Silberman, *Cages of Reason: The Rise of the Rational State in France, Japan, The United States, and Great Britain*, University of Chicago Press, 1993＝B・S・シルバーマン（武藤博己、新川達郎、小池治、西尾隆、辻隆夫訳）『比較官僚制成立史』三嶺書房、一九九九年
James L. Sundquist, *Constitutional Reform and Effective Government, rev.ed.*, The Brookings Institution, 1992
R. Kent Weaver and Bert A. Rockman eds., *Do Institutions Matter?: Government Capabilities in the United States and Abroad*, The Brookings Institution, 1993

第6章　議院内閣制の確立

飯尾潤「政党制転換期における政官関係の変容」北村公彦ほか編『五五年体制以降の政党政治』（現代日本政党史録五）第一法規、二〇〇四年
飯尾潤「副大臣・政務官制度の目的と実績」『レヴァイアサン』三八号、二〇〇六年
飯尾潤「経済財政諮問会議による内閣制の転換」『公共政策研究』第六号、二〇〇六年
伊藤光利「官邸主導型政策決定と自民党」『レヴァイアサン』三八号、二〇〇六年
内山融『小泉政権：「パトスの首相」は何を変えたのか』中公新書、二〇〇七年
大石眞、久保文明、佐々木毅、山口二郎編著『首相公選を考える：その可能性と問題点』中公新書、二〇〇二年
大嶽秀夫『小泉純一郎　ポピュリズムの研究』東洋経済新報社、二〇〇六年
小沢一郎『日本改造計画』講談社、一九九三年

佐々木毅『政治に何ができるか』講談社、一九九一年
佐々木毅『政治家の条件』講談社、一九九五年
佐々木毅編著『政治改革一八〇〇日の真実』講談社、一九九九年
清水真人『官邸主導：小泉純一郎の革命』日本経済新聞社、二〇〇五年
高橋和之『国民内閣制の理念と運用』有斐閣、一九九四年
竹中治堅『首相支配：日本政治の変貌』中公新書、二〇〇六年
田中一昭、岡田彰編著『中央省庁改革』日本評論社、二〇〇〇年
田丸大「省庁における法案の作成過程とその変容」日本行政学会編『官邸と官房』(年報行政研究四〇)ぎょうせい、二〇〇五年
樋渡展洋、三浦まり編『流動期の日本政治：「失われた十年」の政治学的検証』東京大学出版会、二〇〇二年
松下圭一『政治・行政の考え方』岩波新書、一九九八年
松本正生『政治意識図説：「政党支持世代」の退場』中公新書、二〇〇一年
村松岐夫、久米郁男編著『日本政治変動の三〇年』東洋経済新報社、二〇〇六年

第7章　政党政治の限界と意義

大山礼子『比較議会政治論』岩波書店、二〇〇三年
川崎修「『自由民主主義』：理念と体制の間」日本政治学会編『三つのデモクラシー』(年報政治学二〇〇一)岩波書店、二〇〇二年
杉田敦『境界線の政治学』岩波書店、二〇〇五年
西尾勝「議院内閣制と官僚制」『公法研究』五七号、一九九五年
松下圭一『政策型思考と政治』東京大学出版会、一九九一年
三谷太一郎『政治的制度としての陪審制』東京大学出版会、二〇〇一年

飯尾 潤（いいお・じゅん）

1962年（昭和37年）神戸市に生まれる．東京大学法学部卒業．東京大学大学院法学政治学研究科博士課程修了．博士（法学）．埼玉大学大学院政策科学研究科助教授，政策研究大学院大学助教授などを経て，現在，政策研究大学院大学教授．専攻，政治学・現代日本政治論．
本書により，第29回サントリー学芸賞（政治・経済部門），第9回読売・吉野作造賞を受賞．
著書『民営化の政治過程』（東京大学出版会，1993年）
『政局から政策へ』（NTT出版，2008年）
『現代日本の政策体系』（ちくま新書，2013年）
『改訂版 現代日本の政治』（放送大学教育振興会，2019年）
編著『政権交代と政党政治』（中央公論新社，2013年）
共編著
『政治を生きる』（中公叢書，2012年）
『「災後」の文明』（阪急コミュニケーションズ，2014年）
『総合検証 東日本大震災からの復興』（岩波書店，2021年）

日本《にほん》の統治構造《とうちこうぞう》
中公新書 *1905*

2007年7月25日初版
2024年2月25日20版

著 者 飯尾 潤
発行者 安部順一

本文印刷 暁印刷
カバー印刷 大熊整美堂
製本 小泉製本

発行所 中央公論新社
〒100-8152
東京都千代田区大手町1-7-1
電話 販売 03-5299-1730
編集 03-5299-1830
URL https://www.chuko.co.jp/

Published by CHUOKORON-SHINSHA, INC.
Printed in Japan ISBN978-4-12-101905-9 C1231

中公新書

政治・法律

h1

125 法と社会 碧海純一
819 アメリカン・ロイヤーの誕生 阿川尚之
2773 実験の民主主義 宇野重規
2347 代議制民主主義 待鳥聡史
2469 議院内閣制―変貌する英国モデル 高安健将
2631 現代民主主義 山本　圭
1905 日本の統治構造 飯尾　潤
2691 日本の国会議員 濱本真輔
2537 日本の地方政府 曽我謙悟
2558 日本の地方議会 辻　陽
1687 日本の選挙 加藤秀治郎
2752 戦後日本政治史 境家史郎
1845 首相支配―日本政治の変貌 竹中治堅
2651 政界再編 山本健太郎
2428 自民党―「一強」の実像 中北浩爾

2695 日本共産党 中北浩爾
2233 民主党政権 失敗の検証 日本再建イニシアティブ
2101 国会議員の仕事 林　芳正 津村啓介
2418 沖縄問題―リアリズムの視点から 高良倉吉編著
2439 入門 公共政策学 秋吉貴雄
2620 コロナ危機の政治 竹中治堅